浙江省文化广电和旅游厅 编著
杨肖 关嘉艺 著

跟着诗词游浙江
大运河诗路
Discover Zhejiang Through Poems

浙江人民出版社

图书在版编目（CIP）数据

跟着诗词游浙江. 大运河诗路 / 浙江省文化广电和旅游厅编著；杨肖，关嘉艺著. — 杭州：浙江人民出版社，2024.7
ISBN 978-7-213-11476-2

Ⅰ．①跟… Ⅱ．①浙…②杨…③关… Ⅲ．①大运河-介绍 Ⅳ．①K928.705.5②K928.42

中国国家版本馆CIP数据核字（2024）第101613号

跟着诗词游浙江·大运河诗路
GENZHE SHICI YOU ZHEJIANG DA YUNHE SHILU

浙江省文化广电和旅游厅 编著　杨 肖　关嘉艺 著

出版发行：浙江人民出版社（杭州市环城北路177号　邮编 310006）
市场部电话：(0571)85061682　85176516

策　　划：芮　宏		封面设计：董董月圆　王芸	
责任编辑：赖　甜　周思逸		营销编辑：周乐兮　陈芊如	
责任校对：姚建国		责任印务：程　琳	
电脑制版：杭州天一图文制作有限公司			
印　　刷：浙江新华数码印务有限公司			
开　　本：880毫米×1230毫米　1/32		印　　张：7	
字　　数：159千字			
版　　次：2024年7月第1版		印　　次：2024年7月第1次印刷	
书　　号：ISBN 978-7-213-11476-2			
定　　价：45.00元			

如发现印装质量问题，影响阅读，请与市场部联系调换。

《跟着诗词游浙江》
编委会名单

主　　　任：陈广胜　芮　宏

副 主 任：李新芳

主　　　编：林卫兴

副 主 编：张秋婧　叶一剑

执 行 主 编：杨　肖　关嘉艺　刘卉妍

执行副主编：赵　静　高端端　华　伟　孙丽杰　黄施维

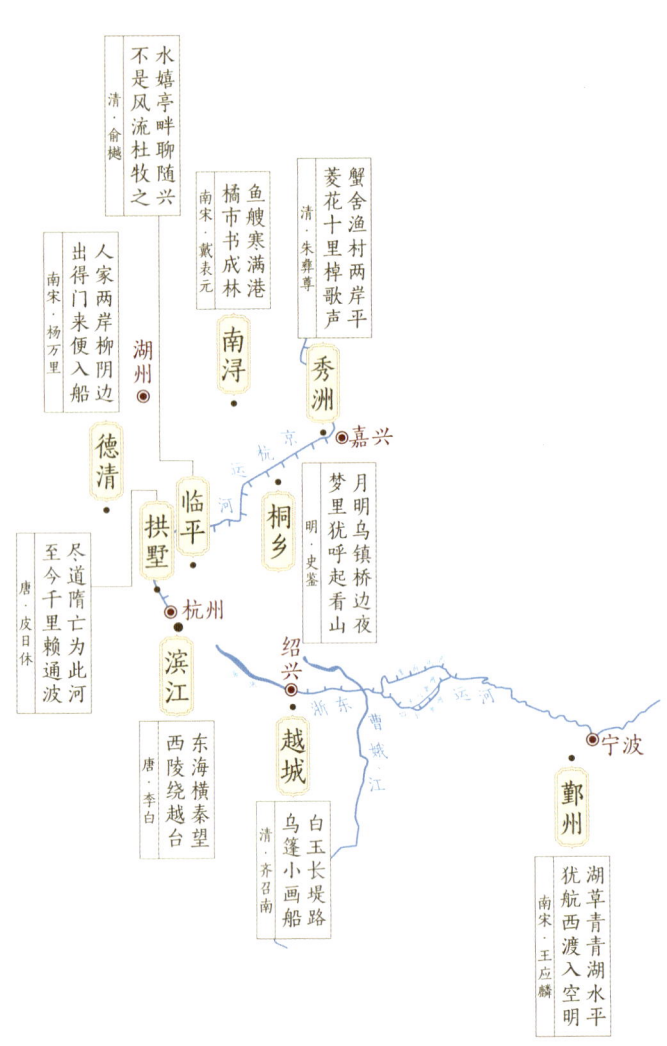

序一 诗路芳华 在浙等你

大概没有一个地方,能像江南这样,一经提起,人们心中便不由充满了诗情画意。

浙江,无疑最具江南风韵。而此种风韵,得益于千百年来无数文人墨客的绝美诗文,并由此绘就了浙东唐诗之路、钱塘江诗路、大运河诗路和瓯江山水诗路,它们在地图上构成一个"文"字,是巧合,也似冥冥之中的天工,叙说着源远流长的文脉,更流淌着"浙山浙水浙方人"的风雅。

永和九年(353)的曲水流觞,使会稽山阴诞生了王羲之的"天下第一行书"《兰亭集序》,连同李白的《梦游天姥吟留别》,成就了浙东山水的千古绝唱;苏东坡笔下的西湖"水光潋滟晴方好",呼应出黄公望的"亘古第一画"《富春山居图》,让钱塘江仅凭孤篇单卷就足以逐浪潮头;陆游的《钗头凤》字字泣血,木心的《从前慢》步步回望,写尽大运河两岸小桥流水人家的悲欢与乡愁;谢灵运一句"池塘生春草"开启山水诗的源头,"永嘉四灵"之一翁卷的"子规声里雨如烟",让瓯江两岸犹如诗意栖居的世外桃源。总之,在浙江的土地上行走,每走几步都能神交古人,也无处不遇诗,让人们为千百年的诗情、诗魂、诗韵所深深打动。

在建设中华民族现代文明上积极探索,是习近平总书记赋予浙江的光荣使命。此项工作须纲举目张,又务必在多层面、宽领域乃至细微处久久为功。本套书以诸多烛照古今、个性鲜明的文人雅士在浙江留下的诗词为切入点，探寻古人行吟的语境，并带入今人游赏的心境，在自然而然、优美优雅中串起了山水奇景、田园风光、古迹非遗等这些遍布江南大地的璀璨珍珠和悠长诗韵。

书中不乏热情、有趣的人与事，既有胸怀天下、登高望远的贤者，又有隐逸于市、弦歌知雅的高士，还有当今拥抱自然、回归乡野的文青，其中不乏开民宿和咖啡店、"贩卖"生活方式的"斜杠青年"，或者是创办乡村博物馆、将艺术根植田野的主理人，以及那些令人感佩、数十年如一日坚持传承和弘扬非遗的手艺人。

诗路芳华，在浙等你。我相信，当你走进书中所描述的这片土地，你会发现，当年令诗人们念念不忘、心向往之的山水田园，经时间的积淀依旧风雅如故，还因生生不息的创造更充满魅力。所以，不妨"跟着诗词游浙江"，由此咀嚼别样的江南，遇见极具诗意的"浙山浙水浙方人"……

是为序。

浙江省文化广电和旅游厅党组书记、厅长

2024年6月于杭州

序二　发现诗路　寻梦江南

诗词是文学皇冠上的明珠，它用凝练的语言、充沛的情感以及丰富的意象高度集中地表现了社会生活和人们的精神世界。诗词的最优美之处在于既植根于历史与生活，又闪烁着时代的光芒。也正是因为如此，诗词向来是洞察、发现和讲述一个区域、一个时代的历史和人文、经济和社会、精神和情绪的最好载体之一。

浙江自古丽逸江南、山灵水秀，作为古越之地，人文蔚兴，有先人山高水长之风、两浙钟灵毓秀之境，吸引着历代先哲、文人墨客来此游历论学，是华夏历史上经济文化的高地之一。尤其晋、唐以来，文人墨客或"自爱名山"探幽访胜，或"求慕先哲"问道论学，或"咏叹严陵"承先人遗志，或"镜中看月"寄情山水，以王羲之兰亭雅集、谢灵运探玄山水为始，既有晋赋唐诗的熠熠生辉，也有宋明戏文的千古绝唱，又有清代金石篆刻的浩渺深远。近代以来，以艾青、徐志摩为代表的浙江诗人，引领现代诗坛，以鲁迅、茅盾为代表的浙江文豪，唤起民族觉醒……思想与情怀共在，留下铭刻千年的鸿篇巨制。

梳理浙江历史文化地理脉络，晋、唐是浙江诗路文化的发生发展期，宋、元是诗路文化的兴盛繁荣期，明、清是诗路文化的深化融合期。先人择水而居，繁衍生息，以贯穿全省的主要水系（古道）为纽带，勾勒出浙江诗路文化的诗人行迹图、水系交通图、浙学学脉图、名城古镇图、遗产风物图等"五幅地图",以诗(诗词曲赋)串文、以路(水系古道)串带,分别绘就浙东唐诗之路、大运河诗路、钱塘江诗路、瓯江山水诗路等"四条诗路",构成金文字形的"文"字。这些思想先哲和文人墨客的浙江之旅本身,也成了浙江大地上丰富的传说和鲜活的文化——不仅诗中所涉元素、场景和意境等直接存在于浙江大地,这些诗人当年经行的道路和经历的故事,也成了一种既有普遍性又具特殊性的存在,进而让浙江成了名副其实的"诗词里的浙江",让浙江成了很多诗人及其追随者的精神故乡。

"一文含四带,十地耀百珠",文化之印深深镌刻在浙江大地上,是历史留给我们的宝贵财富,也是先民生生不息的精神动力。正是基于对诗词与地理之间具有的多元、多维而又特殊的关系的基本洞察,以及对区域发展和转型战略的综合分析和考量,浙江省委、省政府提出了打造诗路文化带的战略构想,目标是高质量建设蕴含"诗心自在、画境天成,浙学精义、东方意蕴"文化精髓的华夏文明弘扬发展示范区,在山水与诗情中绘就现代版"富春山居图"。建设诗路文化带,是浙江大花园建设的标志性工程,是文化浙江建设的时代亮点,对擦亮"诗画江南"金名片,对深入践行"绿水青山就是金山银山"理念都具有重要意义。"四条诗路"文化带在空间上覆盖全省11个地市,充分体现了浙江的文化之美、生态之美、气韵之美、活力之美,形成了全省美美与共的生命体。浙东唐诗之路主要以曹娥江—剡溪—椒(灵)江为主线,包括宁波(奉化、余姚)—舟山支线,覆盖宁波、绍兴、舟山、台州等部分行政区域;大运河诗路主要以大运河世界文化遗产为核心,是国家大运河文化带建设的重要组成部分,覆盖杭州、宁波、湖州、嘉兴、绍兴五个地市;钱塘江诗路主要以钱塘江—富春江—新安江—兰江—婺江—衢江为主线，包括新安江至安徽黄山支线、浦阳江支线、义乌江至东阳江支线，覆盖杭州、金华、衢州和海宁等行政区域；瓯江山水诗路主要以瓯江—大溪—龙泉溪为主线，包括楠溪江—温瑞塘河支线、松阴溪支线，覆盖温州、丽水部分行政区域。

"四条诗路"是晋、唐以来文人名士的入浙之路、求慕之路、抒情寄身之路，也是浙学文化孕育成长、包容并蓄、传承发展之路，"东南财赋地，江浙人文薮"，秀丽山水间留下众多传颂佳篇。据初步统计，从晋代至清代，历代文人在这"四条诗路"上留下了上万首诗词名篇，以及《兰亭集序》《富春山居图》等影响深远的传世佳作。

"江南忆，最忆是杭州""忽然思永嘉，不惮海路赊""山阴道上行，如在镜中游""行遍江南清丽地，人生只合住湖州""水通南国三千里，气压江城十四州"……这些诗句充分展现了浙江诸多历史文化名城的魅力。钱塘自古繁华、宁波海上丝路、温州山水清嘉、绍兴古越人家、婺州江南邹鲁、衢州南孔阙里，越州、临安、明州、永嘉、婺州、严州等一批区域性政治经济文化中心先后兴起，形成了浙江历史文化名城古镇图。名城之间，村镇散落点缀，风貌各异，别具风采，既有传承久远的古代建筑，又有现实生活的诗意栖居地。目前，诗路沿线拥有国家历史文化名城10个，省级历史文化名城10个，国家和省级历史文化名镇近100个，国家和省级历史文化名村、传统村落1000余个。

"八月十八潮，壮观天下无""九秋风露越窑开，夺得千峰翠色来""江南灵秀出莺唱，啼笑喜怒成隽永""十里松声接涧泉，清音入耳夜无眠"……声声道出"浙"彩华章和古迹非遗。诗路既是浙江的文脉，体现着这方水土生生不息的文化创造力，也是浙江的史脉，青山绿水之间创造了璀璨夺目的文化遗产。沿线拥有大运河、古驿道、古石桥、古堰坝、古纤道等创世遗踪，有名楼台阁等点景之作，有书院学舍等治学之所，有摩崖石刻等酬唱之篇，有严子陵钓台、兰亭、八咏楼、玉海楼等名士遗存，有西湖灵隐寺、普陀普济寺、天台国清寺、鄞州天童寺、新昌大佛寺等宗教圣地，有诗词曲赋、水墨书画等传世名作，有青瓷、丝绸、茶道、曲艺等江南气韵，也有滚灯、龙舞、十里红妆、庙会、班春劝农等传统习俗，体现出浙江文化巧夺天工的匠心独运、神奇瑰丽的艺术想象、灵动飞扬的人生演绎、会古生新的别出心裁，形成了浙江历史文化遗产风物图。目前，诗路沿线有省级以上文物保护单位1100多处，其中，国家级230多处，拥有国家级非遗项目220多项、省级非遗项目900多项，璀璨的历史文化宝藏具有极大的保护、研究和传承价值。

"四条诗路"还清晰地勾勒出浙江水系山川生态图。这里是祖祖辈辈繁衍栖息之地，仅古代水运交通主线就绵延千里（其中，浙东唐诗之路主线长约300公里，大运河文化带被列入《世界文化遗产名录》的河段长约327公里，钱塘江诗路主线长约400公里，瓯江山水诗路主线长约300公里）。会稽山、莫干山、普陀山、天台山、雁荡山、烂柯山等文化名山在此汇聚，吸引文人墨客"自爱名山入剡中"。天姥山"势拔五岳掩赤城"，大运河"一湾碧水枕千家"，富春江"水皆缥碧，千丈见底"，西子湖"淡妆浓抹总相宜"，令人沉醉，流连忘返，是诗画江南的生动写照。"绿水青山就是金山银山"理念的生动实践与名山、名江、名湖相得益彰，是一幅展现生态浙江成果的生动画卷。

所以说，发现和讲述浙江的山水之美、文化意蕴、经济发展、社会风俗有很多角度、渠道和载体，但诗词和诗路绝对是最特殊的一个——这些诗词,可以让我们更好地发现和理解浙江山水和风物的诗画意蕴,也可以让我们更好地探寻和体悟相关诗词的无尽意象。"四条诗路"具有的历史穿透力、文化吸引力、生活舒展力和自然亲近力,完全有条件打造具有国际影响力的魅力人文带、黄金旅游带、美丽生态带、合作开放带和富民经济带。但是,诗路缺乏具象化产品、文化价值实现形式比较单一的问题始终未能得到有效解决,文化与生产、生活、生态相互促进和共同发展的格局还没有形成。所以,在原浙江省文化和旅游厅工作期间,我和同事们一直持续推动"四条诗路"的宣传推介和具象化产品打造工作,以弥补"四条诗路"在可游性、知名度等方面的不足。自2022年伊始,在原有工作的基础上,由厅资源开发处牵头,引导并支持有关机构和团队,持续进行了一系列新的创意策划和价值营销实践,其中就包括《跟着诗词游浙江》这套书的创作、出版和发行。巧合的是,图书正式出版之际,我已经到浙江出版联合集团担任总经理、总编辑,推动并见证了这套书的诞生。

发现诗路浙江之美,寻梦诗画江南之韵。本套书以诗为起点,以路为依托,以诗路融合为逻辑,记录了那些蕴含于自然风光、传统村落、历史遗迹、非物质文化遗产和现代生活空间中的浙江人文风韵,并以此传递浙江诗路中包含的最安静的风景和最沉默的文明,以及这些风景和文明背后蕴含的独特而又鲜明的东方生活美学主张,最终给读者呈现一套专业而不失轻松、严肃而不失鲜活、时尚而不失功能的优雅的历史人文地理读本。

本套书还面向年轻、商务和中高端消费群体,以研学和休闲度假为消费诉求,对沿线点位进行创意化和功能化呈现,提供了一系列具体的旅游攻略(吃、住、行、游、购、娱和非遗体验等),这就使得诗路浙江不仅是文化概念上的浙江，更是可感、可体验和可消费的生活意义上的浙江。所以，在我看来，这套书既是"四条诗路"的资源索引，又是"四条诗路"的体验攻略，既是"四条诗路"的人文叙事和历史叙事，又是"四条诗路"的视觉表达和现代表达，读者既可凭借此书来一场说走就走的旅行，又可通过此书快速而直观地领略浙江大地上"诗画江南"的意蕴风华。它不同于一般的旅游达人相对简单直接的风景记录和攻略发布，也不同于传统的学院作者专业严肃的价值研究和学术表达，而是区域文旅品牌营销和省域文旅品牌创建过程中需要的一种新的文本表达风格和内容生产机制，对新阶段的省域文旅品牌创建和省域文旅实践创新有示范价值。总之，希望这套书能为诗路文化带在国内外形成较高的知名度、美誉度和影响力，能为"诗画江南"最亮丽的文化旅游风景线贡献绵薄之力。

是为序。

浙江出版联合集团总经理、总编辑

2024 年 6 月于杭州

目录

1 | 开篇的话

5 | 拱墅
千年运河起新论
拱宸桥头又繁华

33 | 临平
负塘而栖成古镇
运河自此入杭城

49 | 德清
安静优雅新市镇
休闲度假莫干山

73 | 南浔
江南古镇最中国
浔迹浔味又浔韵

97 | 桐乡
月明乌镇桥边夜
来过就未曾离开

119 | 秀洲
长虹桥头故事多
当年陶仓理想村

133 | 滨江
　　　烟波尽处一点白
　　　应是西陵古驿台

153 | 越城
　　　百桥千街水纵横
　　　更有名士江南出

169 | 鄞州
　　　江南诗书清丽地
　　　运河到此入海流

197 | 附录：诗路名篇撷英

208 | 后记

开篇的话

大运河诗路主线沿江南运河（嘉兴—杭州段）和浙东运河，以大运河世界文化遗产为核心，并向运河沿线地区适当辐射，就目前的行政辖区而言，覆盖杭州、宁波、湖州、嘉兴、绍兴等行政区域。

在历史上，这些地区大多因为大运河的畅通而迎来了新一轮的地区开发热潮和经济繁荣发展期，并历经多年而不衰。而经济的发达、商贸的通畅、信息的交流，进一步让这些地区迎来了前所未有的文化繁盛和综合崛起，不仅造就了一方的繁荣，而且重塑了地区的基因，还对整个中国的历史进程乃至世界经济产生了深刻影响。

"夜市桥边火，春风寺外船。"当承载了经济、文化、政治和交通等多元使命的大运河与中国文学中最璀璨的一部分——诗歌相遇后，更是激荡出无尽的诗意、丰富的叙事以及不断叠加的历史回响。

这种相遇不仅让大运河本身成了大地上行走的诗行，也让那些正处于人生和时代进退之间的南来北往的伟大诗人们找到了最直接、最丰富、最鲜活也是最厚重的情感寄托和表达依托，成就了很多诗人的很多名篇佳作，进而客观上在中国诗歌史与中国文学史上助力成就了不止一个灿烂的片段。

这种相遇让相关的诗词不仅在线路上有着非常明确的空间性，而且在社会性、烟火气、思辨性甚至是批判性等方面，也有着更加多元而生动的展现，也更多表现出了诗人们对人间烟火、商贸经济、家国命运以及历史兴衰的记录、描绘、探讨和追问。

这是一条明显兼具社会叙事与政治叙事、城市叙事与乡村叙事、自然叙事与人文叙事的诗路，在相关诗词中，不仅有着寻路江南的个人怡情，也有着激扬时代的家国情怀，以及对每个时代所特有的江南印象的收纳与刻画。这些诗词从来都是运河文化的重要组成部分，也是今天我们准确、全面、立体地洞察运河文化的重要窗口和密码。

这是一条依然在生长的诗路。今天，我们沿着那些伟大的诗人和他们的作品，寻访于大运河诗路及沿线地区的时候，看到了大量的历史文化遗产，听闻了无数的传奇故事，见到了依然充满活力的产业经济，以及依托当地特色的生态资源所经营的特色民宿，等等。

尤其让人印象深刻的是，沿线地区依然保留着很多的江南古镇。从新市古镇到南浔古镇到西兴古镇到塘栖古镇到乌镇，等等，这些古镇在历史上大多与大运河有着直接而密切的关系，甚至可以说是与大运河相伴而生。它们大多经历了从兴到衰、从衰到兴的多个轮回，不仅见证了多个时期的江南故事乃至中国故事，其本身就是精彩的江南故事和中国故事。

"流觞运河，诗画江南。"这些古镇就像是一个个历史、文化、建筑、非遗、水利的容器，代表了诗画江南的众多元素和符号分布其间，既独自记录和述说着属于自己的故事，又共同构成了一个个完整而独特的文旅产品和服务生态，成了景观、意象、休闲、研学等意义上的"江南的封面"，并让我们的诗路寻访变得既浪漫又厚重、既安静又跳跃、既温馨又刺激、既城市又乡村。

这样的浙江，如此的江南，让人如何不爱？

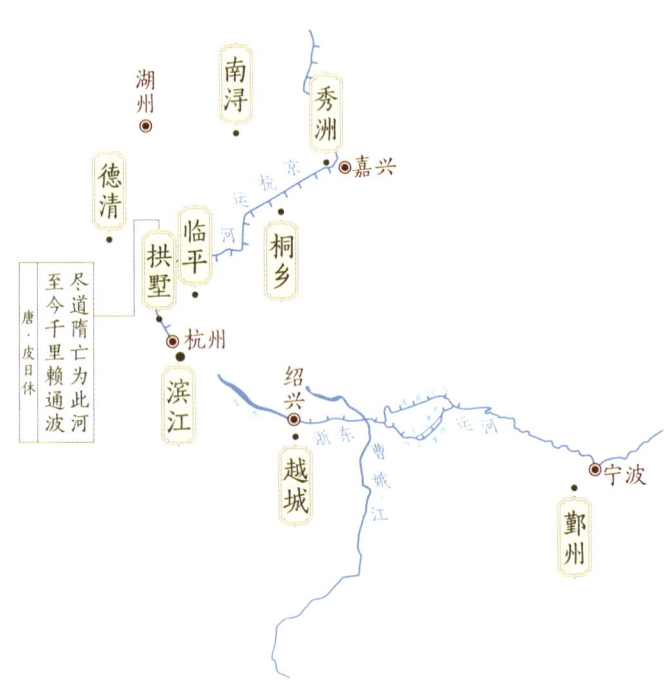

拱墅

千年运河起新论
拱宸桥头又繁华

汴河怀古

唐 | 皮日休

尽道隋亡为此河,至今千里赖通波。
若无水殿龙舟事,共禹论功不较多。

皮日休的这首诗经常被拿来论述大运河的历史功过,被认为是对京杭大运河相对公正和客观的评价。在对包括杭州拱墅区以及杭州市的运河沿线地区的城市发展有所了解后,对大运河会有更复杂也更积极的认识——若没有大运河的开通,恐怕就不会有古代杭州城商业与文化的繁荣与跃迁,甚至整个江南都会暗淡不少。

【一】

谈到运河功效和文化,便不得不说拱宸桥。作为京杭大运河南端的起点,拱宸桥可谓大运河上最耀眼的明珠之一,无论是从地理位置来看,还是从文化和经济意义来看,都有其特殊性。

"以政为德,譬如北辰,居其所而众星拱之。"拱宸桥的名字不但富有寓意,而且一语双关。"拱"既指拱形桥,又有"众星拱之"的拥戴之意。该桥不仅造型文雅,更是与运河、行船以及周边的景致一起,构成了一幅颇具诗情画意的江南运河图景。桥不仅作为一座桥而存在,还是一种人文景观和文化地标。

不过,有些可惜的是,拱宸桥没有"生"在中国诗词发展最为辉煌的唐宋时期,不然的话,吟诵它的诗词应该数不胜数。

拱宸桥夜景

据《杭州府志》记载,拱宸桥始建于明崇祯四年(1631)。明代时漕运繁忙,而拱宸桥所处的地段最开阔,故成为漕运的重要集散点,百姓只靠舟楫来往两岸显得十分不便。

事实上,贯通东西的拱宸桥建成后,不仅方便了居民出行,更推动了两岸的发展,成就了人烟阜盛、商贾云集的盛景。

"十里银湖墅",市井繁华地。自运河开通以来,杭州百姓依水而居,因水而兴,从武林门至拱宸桥的湖墅一带便从"湖中村落"渐渐发展为水陆要津、物产集散之地,夕阳时"樯帆卸泊,百货登市",入夜则"篝火烛照,如同白日""熙熙攘攘,人影杂沓"。

正所谓"一座拱宸桥,半部杭州史",400多年来,拱宸桥成了运河兴废和城市兴衰的直接见证者,并将自己"活"成了运河沿线以及杭州城的一份宝贵的文化遗产。

如今水运虽已不似古时兴盛,但以拱宸桥为中心,桥西直街、小河直街和大兜路依然是热闹繁华的生活、商业与艺术街区,以前的沿河老房蝶变为现在优雅的茶馆、咖啡店、书店与文创店等。

在桥西直街闲逛,可以选择一家咖啡店,在靠窗的位子坐下,明净透亮的大玻璃窗正对着运河,或可看到观光游船从河上悠然驶过,这情景让咖啡都多了几分特殊的味道——一半是现实的静好,一半是历史的时光。

【二】

将"秀色可餐"发挥到极致的还有小河直街。该街位于杭州城北,是京杭大运河、小河、余杭塘河三河的交汇处,为小河直街历史文化街区的中心。街道依河而建,一河两街,保留了许多清末民初时

桥西直街上的书店与咖啡店

期的建筑,粉墙黛瓦,井屋鳞次,多采取"下店上宅"的营造方式,即临街一楼是商铺,二楼是居所。而原住民的原址回迁,也给小河直街增添了更多的烟火气。

这是一条"年轻"的老街。虽然历史悠久,但总能抓住时下最流行的元素来丰富自己的业态,从"围炉煮茶"到"茉莉花灯"再到"杭州版簪花女",每次来都有不一样的感受。

而且,直到今天,这条街道还在不断生长着。与之前商业区的范围只有小河两岸相比,现在小河直街的规模已经向外扩张了一整圈,附近甚至增加了一条仿古建筑商业街。

和杭州其他历史街区比起来,小河直街的特别之处在于,由于处在景区的"内街",对于店铺"外摆"的控制并不是很严格,店家可以在不妨碍通行的情况下,用绿植、装饰品和自己的商品装点

小河直街

小河直街上各具特色的小店

小河直街

小河直街游船品茶

门面。于是,商店门面成了店主比拼的舞台,几乎每家店铺都对自己的门头用尽心思,从而使门口成了赏心悦目的艺术展览,引来不少游客驻足拍照,整条街也显得琳琅满目、热闹非凡。

小河直街当然是悠闲的。在这里,茶可以坐在茶馆里喝,也可以坐在乌篷船里边赏景边喝。如果条件允许,建议在乌篷船里喝——微风和煦,阳光斜斜地洒进船舱,玻璃茶壶中的红茶在阳光下呈现出诱人的琥珀色,一杯下肚,整个人都暖和起来。

在小河直街,原住民不只有人类,还有猫,它们甚至会大摇大摆地在街上散步,毫不设防地睡在窗边。如果到一家叫"后院有海"的餐厅吃饭可要小心了,当你吃饭的时候,可能会有"猛兽"突然从头顶的歪脖树上俯冲下来——原来它是这家餐厅的常客,院子里有为它备好的口粮,它是玩累了回来吃饭的。

【三】

就像大运河不只属于历史和古代,拱宸桥和它所在的拱墅区也不只属于历史和古代。

商贸繁华的运河两岸也孕育出了传统手工业和近代民族工业,杭州的第一盏电灯、第一条铁路、第一家邮局和报社,都"出生"在拱宸桥边。中华人民共和国成立后,这里又建起了麻纺厂、棉纺厂、丝织厂等。这些工厂不仅解决了成千上万人的就业问题,更是开创了一种颇具年代感的生活方式,一系列场景和画面让几代人的记忆都挥之不去——听当地人讲述,在工人换班时间,浩浩荡荡的人群会从拱宸桥上经过,桥东的街市更是聚满了吃饭、采买的居民,好不热闹。

但时光从不会为谁停留，时代的发展也让这些工厂逐渐退出历史的舞台。不过，与运河旁的那些明清时期的老建筑，以及运河上安静的拱宸桥一样，在新的发展阶段，这些厂房也被赋予了新的功能，发挥着新的价值，华丽转身为博物馆、展示馆、文创园。如今，它们不仅成了杭州的文化新地标，也成了记录城市转型发展的"活态纪念册"。

在拱宸桥旁500多米的范围内，竟聚集了五家博物馆、一家传统手工艺活态馆，其中的运河工业三馆——中国伞博物馆、中国扇博物馆、中国刀剪剑博物馆都是由原来的老厂房和旧仓库改造而来。

逛完这些博物馆，你会发现在那些生活中习以为常的日用品背后，原来有那么多有趣的冷知识，比如伞的制作灵感竟然源自祖先想要造一所可以移动的房子，从而能时刻遮阳挡雨，而扇子在越剧中竟然是表达角色情感的重要载体。

杭州手工艺活态馆

杭州手工艺活态馆

拱墅 | 千年运河起新浪 拱宸桥头又繁华　17

中国伞博物馆

三座工业博物馆适合搭配着旁边的活态馆一起游览——活态馆聘请了纸伞、画扇、竹编、制香等非遗手工艺的许多大师,走进活态馆,我们不仅能看到整个制作工艺和流程,也可以自己动手尝试,感受手工的快乐。

　　比如,可以花半个小时在竹篾馆学习制作竹编风铃,24根平平无奇的小竹棍与2根细线,巧妙地交织排列,一只立体螺旋状的风铃便编成了。微风轻拂,旋转的风铃发出流动的旋律,那一定是你从来没有听过的风铃声。

　　与小河直街仅一条马路之隔的小河公园,也是由冰冷的工业区转型而来的,并成为温暖热闹的城市会客厅。河边矗立着的大型储油罐也完成了艺术性改造,铁皮罐体上被开出大大小小的孔洞,阳光从这些孔洞穿过,油罐内部群星璀璨,身处其中,我们宛若置身

小河公园油罐

拱墅 | 千年运河起新论 拱宸桥头又繁华　19

油罐建筑内部

被一束光聚焦的杯子

银河——不知这是谁的创意和设计,其内心一定有一片属于自己的银河星辰吧!

其中一个被改作餐具商店的油罐中,一面墙上整整齐齐地排列着马卡龙色的杯子,对面的孔洞透过的一缕阳光,恰巧投射在一只杯子上,眼前的画面顿时有了生命力,那只杯子就像主角一样站在了舞台的聚光灯下。

建筑师贝聿铭曾说:"一座城市如果没有了旧的痕迹,就好比一个人失去了记忆。"岁月流转,江河不息。杭州市拱墅区的实践告诉我们,对城市记忆的保护既不能太保守,也不能太颠覆。最难的,也最重要的,是在新旧之间找到最佳的平衡点,以建筑为载体,又超越建筑载体,以街区为场景空间,又超越街区场景空间,通过创意化的营造与运营,让新的业态和体验在历史的空间中不断生长,用真实的生活来激起曾经的记忆,成就活态的文化赓续。这里的一切,是旧的,也是新的,是文化的,也是生活的。

攻略

线 文博课堂——大运河畔的博物馆奇妙之旅

线路安排

在香积寺码头乘坐运河漕舫游船—桥西历史文化街区—中国刀剪剑博物馆、中国伞博物馆—中国（杭州）工艺美术博物馆—中国京杭大运河博物馆

推荐理由：大运河畔的博物馆是记录运河文化发展的容器，也是了解城市历史进程的窗口。品运河古韵，览馆藏珍品，可以帮助参观者树立正确、科学的历史观，传播文物相关知识，普及中华传统文化。

住 杭州运河祈利酒店

地址：杭州市拱墅区丽水路7号

推荐理由：位于京杭大运河畔、大兜路历史文化街区内，由20世纪50年代的国家厂丝储备杭州仓库改建而成，现为杭州市市级文物保护单位，承载着厚重的历史印记。古朴的青砖外墙、粗犷的货运楼梯，有着浓烈的年代感。

佳 杭州运·河院子

地址： 杭州市拱墅区小河直街小河东河下18号

推荐理由：人们可在小河直街的青墙黛瓦中体验闹中取静、怡然自得的都市慢生活。三幢旧式民居围成一个合院子，三个小院则组成一个大院，每个房间各有私密小院。曲径廊道、流水小桥和错落有致的花木充满了古典意蕴。

食 芒种面馆（运河店）

地址： 杭州市拱墅区拱宸桥街道小河路374号

推荐理由：上榜米其林推荐餐厅的面店，环境和装修都很好。来杭州必吃的片儿川，这家店用的原料是手擀面，口感很筋道。来一碗拌川，酱汁裹在面条上，配合面条的筋道，感觉要比汤面好吃。

食 腾飞小馆

地址： 杭州市拱墅区小河直街59号1楼

推荐理由：老杭州人从小吃到大的餐厅，老底子的味道。

食 蜜桃（丝联店）

地址： 杭州市拱墅区金华南路189号丝联166创意产业园内东二门

推荐理由：开了十几年的老牌咖啡馆＋餐厅，主打出品稳定不踩雷。

食 Mo's Cafe 墨咖啡

地址： 杭州市拱墅区桥西直街同和里17号

推荐理由：同和里居民楼里面的文艺咖啡店，古色古香，坐在这里品味咖啡，十分有感觉。推荐拿铁、冰椰美式，以及茉莉特调"梨不开你"。

食 富贵面包公司（运河店）

地址：杭州市拱墅区湖墅北路55号

推荐理由：招牌是猪肉脯可颂蛋黄酥，每一口都能吃到甜咸的猪肉脯和咸香的芝士，味道非常丰富。日式饭团和米面包也很好吃。

食 京杭上院·百县千碗旗舰店

地址：杭州市拱墅区丽水路414号

推荐理由：运河畔的江南会客厅，也是杭州颇具京杭大运河文化特色的主题餐厅，融餐、茶、会、展、礼于一体的多元化文旅体验点。坐落于京杭大运河畔拱墅区丽水路北星公园内，毗邻杭州桥西历史文化街区，地理优越、环境幽雅。用膳，可伴千年运河悠悠；品茗，可睹拱宸桥人文风采。该餐厅一直是国内外宾客造访杭州的理想之选。

玩 小河直街历史文化街区
地址：杭州市拱墅区小河直街51号

推荐理由：小桥流水、青石板路，这里曾是赵盼儿的风雅钱塘，也是如今的网红街区，有很多咖啡馆、买手店可以打卡。

玩 小河公园
地址：杭州市拱墅区拱宸桥街道小河路118号

推荐理由：较为工业化、艺术化的现代公园，前身是中石化小河油库，改造后将种种旧工业元素融入公园景观，在镂空的巨型油罐附近拍照很出片。还有不定期市集。

玩 桥西历史文化街区

地址：杭州市拱墅区桥西直街1号

推荐理由：由古时拱宸桥地区繁盛的水陆码头翻新而来，街区内仍存有较完整的沿河民居及近现代工业遗存，可以到拱宸桥上拍拍照，博物馆爱好者可以去中国刀剪剑博物馆、中国伞博物馆和中国（杭州）工艺美术博物馆逛逛。

玩 拱宸道院

地址：杭州市拱墅区桥西直街6号

推荐理由：大概是汲取了寺庙咖啡的灵感，这里竟然开了家咖啡店，主打的是"天官赐福"。店里的咖啡都有诗意的名字，人们看了菜单就会心生好感。在并不拥挤的道院里抽支签，顺便来杯沾了福气的咖啡，想想就很惬意。道院场地不大，咖啡店的部分就更小了，木质门后就是柜台，只能站两三个人，但有个还算宽敞的院子可以闲坐。

玩 拱宸桥

地址：杭州市拱墅区桥弄街2号附近

推荐理由：位于杭州市大关桥之北的拱宸桥，是杭城古桥中最高、最长的石拱桥，桥长98米，高16米，是杭州市区历史文化的象征之一。走过拱宸桥，仿佛穿越到了古代，有种宁静古朴的感觉。建议在武林门码头坐3元水上巴士到达拱宸桥附近。

玩 大兜路历史文化街区

地址：杭州市拱墅区大兜路160号

推荐理由：曾是杭州历史上重要的集市、贸易、仓储中心，相比于桥西历史文化街区和小河直街历史文化街区，更静谧典雅。宽阔的路旁一侧是店，一侧是河，点缀着精致风雅的江南庭院或民宿茶馆。

玩 香积寺

地址：杭州市拱墅区香积寺巷1号（近信义坊）

推荐理由：始建于北宋太平兴国三年（978），原名兴福寺，后宋真宗赐名"香积寺"。闹市中的寺庙与红尘相邻、烟火作伴，别有一番浪漫情趣。

玩 富义仓遗址公园

地址：杭州市拱墅区霞湾巷8号

推荐理由：富义仓始创于清光绪六年（1880），原址位于杭州运河边霞湾巷，创始人浙江巡抚谭钟麟取"以仁致富，和则义达"之意为其命名。这里在历史上是京杭大运河"南粮北运"的起始站点，想要了解运河文化的，建议一定要去。公园里还有一个富义仓艺术中心，也很值得一看。

玩 江墅铁路遗址公园

地址：杭州市拱墅区登云路紫荆家园北门西侧

推荐理由：这里有浙江省的第一条铁路，历史感满满，有一辆火车头和一条铁轨，晴天拍照打卡绝美。

玩 《如梦上塘》实景演出

地址：杭州市拱墅区皋亭坝11号

推荐理由：演出提取五代至南宋九位词人的故事，时长约60分钟，分为八大篇章、九大人物、十大场景，由国内知名艺术团队倾情打造和演绎。演出采用全新的"行进＋沉浸"式观演模式，并将戏剧、电影、水幕、光影、装置等艺术巧妙地融于一体，带来真人实景与水幕光影相结合的视觉盛宴，让观众获得"人在船中坐，船在画中游"的别样体验。

玩 丝联166创意产业园

地址：杭州市拱墅区丽水路166号

推荐理由：由建于20世纪50年代的杭州丝绸印染联合厂厂房改建而成。园区不大，非常适合拍工业风照片。和很多地方的工业遗产活化利用项目一样，具有明显的旅游属性。

玩 运河天地

地址：杭州市拱墅区小河路488号

推荐理由：如今的运河天地保留了大河造船厂时期特色鲜明的车间锯齿状屋顶造型的同时，集聚了网红餐饮及艺术展览、房车、露营、音乐酒吧等年轻业态，成为运河边新辟的打卡地。

玩 大运河杭钢公园

地址：杭州市拱墅区炼铁路与观桃路交叉口北侧

推荐理由：依托杭钢旧址而建，是对工业遗存的改造利用，定位为"时尚、潮流、跨界、混搭"的休闲生活集聚地。保留高炉、焦炉、转运站、铸铁机房等富有特色的工业遗存特色空间，并拥有4.5万平米大草坪、3万平米再生花园及串联起各个遗存节点的1.5公里空中连廊，植物景观层次丰富。

研 中国扇博物馆

地址：杭州市拱墅区小河路450号

推荐理由：这是已经名声在外的主题博物馆，也是中国唯一以扇为专题的博物馆，展示了古典优雅的扇文化及精湛的制扇工艺。与很多主题博物馆一样，这里的研学潜力也是非常大的。

研 中国刀剪剑博物馆

地址：杭州市拱墅区小河路336号

推荐理由：以张小泉剪刀为切入点，陈列中国历史发展过程中的刀剪剑，非常有武侠世界的感觉。

研 杭州手工艺活态馆

地址：杭州市拱墅区桥弄街10-1号

推荐理由：就在中国扇博物馆旁，可以一站式体验非遗手工艺，如制陶、扎染、竹编等。还可以画油纸伞、做定胜糕、织布、制作掐丝珐琅，以及体验一些造纸之类的小工艺。

研 中国伞博物馆

地址：杭州市拱墅区小河路336号

推荐理由：馆中有"中国伞的起源""油纸伞和油布伞""美丽的西湖绸伞""伞的文化""走向世界的伞""形形色色的现代伞"六个主题展览，很适合研学。

研 中国（杭州）工艺美术博物馆

地址：杭州市拱墅区小河路334号

推荐理由：以苏沪浙区域的工艺美术为展览核心，人们可以近距离了解古人的智慧和审美。

研 中国京杭大运河博物馆

地址：杭州市拱墅区金华路34号运河文化广场1号

推荐理由：了解京杭大运河文化历史不可错过的博物馆，当然也是研学运河文化不可错过的一个博物馆，已经成为很多中小学校开展小课题研究、亲子活动等的重要场所。

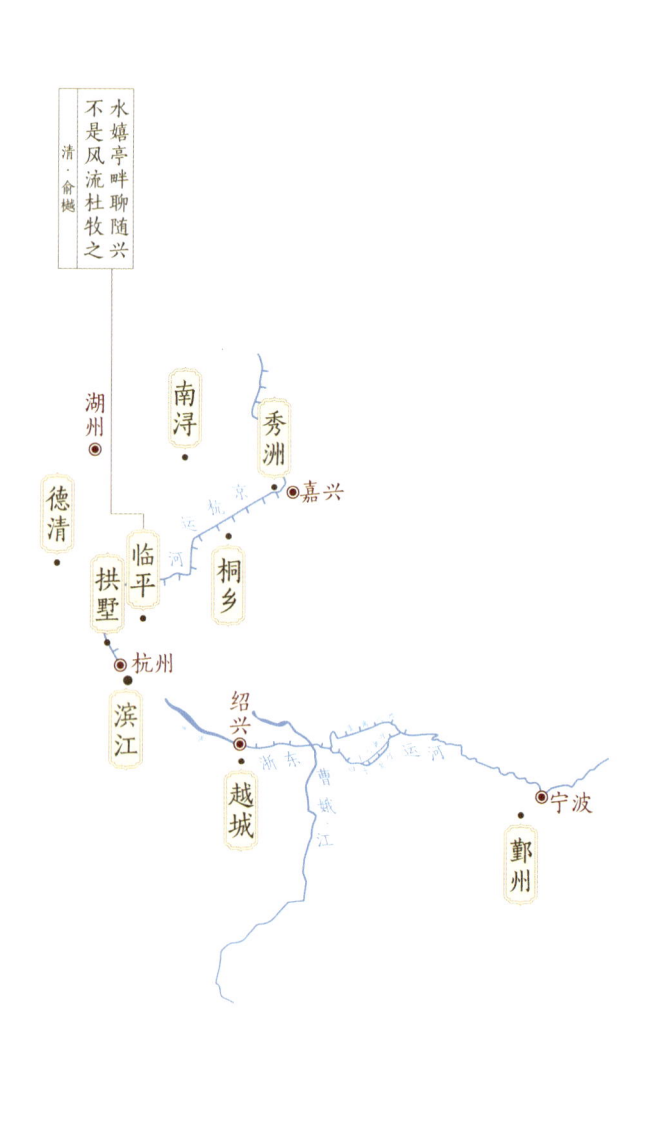

> 水嬉亭畔聊随兴
> 不是风流杜牧之
> ——清·俞樾

- 湖州
- 南浔
- 秀洲
- 嘉兴
- 德清
- 临平
- 桐乡
- 拱墅
- 杭州
- 滨江
- 绍兴
- 越城
- 宁波
- 鄞州

临平

负塘而栖成古镇
运河自此入杭城

跟着诗词游浙江
大运河诗路

塘栖水嬉曲（节选）

清 | 俞樾

栖溪春水明如镜，岁岁水嬉今岁盛。
花果欣逢比户丰，村农早鼓先期兴。
……
我偶轻舟到此维，翁孙四代共扶持。
水嬉亭畔聊随兴，不是风流杜牧之。

京杭大运河水系在三个方向流经临平——古运河上塘河居中、京杭大运河在西、运河二通道在东，它们通过众多支流相互连通，形成水道环抱的独特空间结构，在滋养了这片土地的同时，也缔造了独特的运河文化。清代国学大师俞樾幼时在临平接受启蒙教育，水乡的一草一木、风土人情都印刻在他的脑海中，后来他在治学之余，创作了很多通俗的诗歌，其中就包括这首描绘塘栖水乡风情的《塘栖水嬉曲》。

【一】

从杭州的武林门乘船出发，一路沿京杭运河北上，一个半小时便可到达一座宁静的古镇——塘栖古镇。

作为京杭大运河杭州段的起点，塘栖古镇曾在明清时期被誉为"江南十大名镇"之首。光绪年间《唐栖志》记载："唐栖官道所由，风帆梭织，其自杭而往者，至此少休；自嘉秀而来者，亦至此而泊宿。水陆辐辏，商家鳞集，临河两岸，市肆萃焉。"

和大运河沿线的很多古镇一样，塘栖的繁荣也要归功于大运河的开通。据现有资料记载，最开始塘栖只是个小渔村，直到元末张士诚拓宽了官塘运河，运河两岸百姓纷纷"负塘而栖"，于是有了商贾云集、富甲一方的塘栖古镇。

塘栖古镇

广济桥

"迨元以后，河开矣，桥筑矣，市聚矣。"塘栖所在的位置又是苏、杭、嘉、湖的水路要津，随着来来往往的商船经过此地，人员交流更是频繁，与人流相伴而来的，当然还有商贸、文化以及政治和经济等方面的交流，于是塘栖就再也不仅仅是一个地方性的城镇了。

直到今天，气势如虹的七孔石拱桥广济桥依然横跨于河面上，每一块砖石都带着历史的厚重感，昭示着这里曾经有过的辉煌。

广济桥之于临平，就如拱宸桥之于拱墅，它是运河两岸百姓的脊梁，支撑起了繁荣的商贸往来。其不远处的一座亭子里，完好地保存着一块乾隆御碑，上面记录着对浙江人民足额缴纳皇粮的表彰——这是当年塘栖地区经济实力的象征之一，也是当年运河功效和文化影响力的见证。

御碑码头

聚资重建广济桥的宁波商人陈守清像

【二】

与其说现在的塘栖是古镇,不如说它是塘栖古街——仅存的明清建筑分布在广济桥连接起的运河两岸。但这也是当年古镇的精华所在,如今被称作水北街和水南街,其中水北街是商铺和景点较为集中的地方。

商铺沿河而开,鳞次栉比,而店面与河道之间还隔着带有屋檐的走廊,俗称"过街楼",其中设有美人靠,在运河时代方便行舟劳顿的客商们下船休息。俗语有言,"跑过三关六码头,不及塘栖廊檐头"。想想看,沿着过街楼一路行走,大太阳时晒不着,下雨时淋不着,还可以看运河上船来船往、人影如织,那画面简直就是水上版的"清明上河图",诗情画意肯定是少不了的。

过街楼

当然，塘栖古镇上至今仍令人津津乐道，并让很多人慕名而来的，还是那些老字号。水北街有整整一条巷子的糕点铺子，五花八门、形状各异的糕点被罗列在铺子前，任人挑选，远远望去是有点壮观的。

这些铺子的装饰都很低调，但行走其间，游客不经意间就能发现百年老字号：百年汇昌、法根糕点、朱一堂，还有水南街上的王元兴酒楼。塘栖镇里有民谣称："法根糕点汇昌粽，粢毛肉圆香又糯。细沙羊尾香烘烘，塘栖板鸭顶正宗。"是的，到了塘栖，跟着这民谣挨个品尝下来，绝对让你不虚此行！

不过，糕点在塘栖已经不仅是一种美食，随着临平以运河文化为重要主题的文旅融合的快速发展和全面推进，包括传统糕点制作的很多手工艺，都被开发成了研学体验，在实现传统文化创造性转化和创新性发展的同时，也玩出了新体验、新业态、新产业。

糕点铺一条街

"栖溪春水明如镜,岁岁水嬉今岁盛。"也正是基于此,今天,无论是从文化元素梳理、研究和阐释来看,还是从旅游场景创意、产品策划、服务提升来看,或是从区域文旅公共治理成效来看,临平作为"江南水乡文化典藏地"的图景都在变得越来越清晰。这个被大运河哺育的运河边的城市,正在用自己新时期的探索与实践,创意化表达着历史悠久、丰富厚重的运河文化。

攻略

🏷️ 匠心非遗之旅

线路安排

塘栖古镇—王元兴酒楼—"幸福的院子"（"塘栖百匠"非遗工坊）—中国江南水乡文化博物馆

🏷️ 王元兴酒楼

地址：杭州市临平区西横头街15—25号

推荐理由：古镇上的老店，坐落在古运河边。在这里可以品尝到当地的特色美食。特别推荐的是有着烟熏味的塘栖板鸭、就地取材的枇杷花虾仁和枇杷土焖肉，还有塘栖粽子、细沙羊尾、粢毛肉圆、烂糊鳝丝等当地传统美食。

🏷️ 王元兴百年汤包（广济路店）

地址：杭州市临平区广济路242号

推荐理由：一家百年老字号汤包店，除了有蟹黄、鲜肉等不同食材做馅的汤包外，还售卖片儿川、素鸡、虾爆鳝面、葱油拌面、牛肉粉丝等杭州本地人喜欢的小吃餐点。

🍴 麦田咖啡·有风小屋

地址：杭州市临平区运河街道新宇村520公路边

推荐理由：是不是光听名字就觉得很有特点？春、夏、秋、冬四季里，氛围感都特别好的一家咖啡店。老板很用心，一年四季换着花样搞主题。在原生态的田野间，吹吹小风、钓钓龙虾、捉捉萤火虫，对于现代人来说亦成了一种"野奢"。

🍴 一尺花园（超山店）

地址：杭州市临平区超山风景名胜区北园内

推荐理由：藏在超山风景名胜区内的一栋徽派建筑中，致力于将咖啡和美食文化融进触手可及的绿色空间里；主打自然和美好，以及对生活的热爱。在鸟语花香之中，和朋友约个下午茶，实在惬意。

🏨 杭州运河塘栖雷迪森庄园

地址：杭州市临平区水北街99—1号

推荐理由：位置绝佳，距离塘栖古镇250米。酒店巧妙运用了"运河、古镇、谷仓、农耕、博物馆"的天时地利，将水乡文化和历史文化完美结合，打造了一座隐逸在庄园内的酒店。入住客人可免费参与汉服体验活动，二三月份也可以在此赏梅花，就连酒店赠送的绿茶都很好喝。

🏨 水墨蓉庄艺术主题酒店

地址：杭州市临平区超山风景名胜区内探梅路1号1幢

推荐理由：烟雨入江南，山水如墨染。酒店临水而建，一些房型有独立浮台，在酒店里就可以实现足不出户的钓鱼之乐。另外值得一提的是，酒店还提供泛舟下午茶，"舟行碧波上，人在画中游"的体验千万不要错过哦。

住 青荷民宿

地址：杭州市临平区西石塘街水南35—44号

推荐理由：一家有亲和力的江南特色民宿，位于塘栖古镇里，推窗就能看到广济桥和周边景色。躺在临河而建的房屋内，看白天街市上行人匆匆和傍晚古镇灯火阑珊，都别有味道。

玩 塘栖古镇

地址：杭州市临平区西横头街与圆满路交叉口东南角

推荐理由：位于塘栖镇北部，始建于北宋，至明清时期已是富甲一方，贵为"江南十大名镇"之首，亦曾经是南来北往的商船的必经之道和贸易的重要集散地。古镇内分布着广济桥、郭璞井、乾隆御碑、明清古建筑群、何思敬纪念馆、塘栖枇杷产业博览馆、临平方志馆等12处景点，是丰子恺笔下的"江南佳丽地"。

玩 超山风景名胜区

地址：杭州市临平区龙超路

推荐理由：北靠塘栖古镇，南接临平主城区，是国家AAAA级旅游景区。在这里，冬看梅花夏摘枇杷，一年四季都有好风景。

玩 艺尚小镇

地址：杭州市临平区星河南路

推荐理由：看名字就知道这是一座充满艺术和时尚的现代化小镇，位于美丽的东湖公园湖畔，紧邻临平大剧院。小镇以时尚服装、文化创意为主，吸引了国内外的许多知名品牌设计师和艺术家入驻。经常举办各种时尚活动和展览，热爱艺术的朋友一定要去感受一下。

玩 临平公园

地址：杭州市临平区沿山路105号

推荐理由：当地人徒步爬山的好地方，绿树成荫，空气新鲜，山上可以远眺钱塘江以及整个临平风貌，山下还有儿童乐园、动物园、植物园。若是赶上五六月份绣球花开的时候，看花朵开满山坡，蔚为壮观。

塘栖枇杷产业博览馆

地址：杭州市临平区塘栖古镇景区内

推荐理由：位于塘栖古镇内，浙江省内唯一的枇杷博览馆，虽然不大，但是馆内常年更新，是了解枇杷的前世今生的好去处。

"幸福的院子"（"塘栖百匠"非遗工坊）

地址：杭州市临平区塘栖镇丁山河村九庄48号

推荐理由：一个2000平方米的院落，曾经是废弃的小学，如今成为集当地文化、艺术、旅游于一体的公共空间，不仅有乡村书屋、村民艺校，更有各种非遗技艺的展示和体验区域。这里是一个了解杭州及周边地区传统文化和乡土风情的好地方，游客们可以体验到传统的打年糕、捏米塑、包粽子、蚕丝制作等手艺。

研 中国江南水乡文化博物馆

地址：杭州市临平区南大街95号

推荐理由：又被称为临平博物馆，里面展示了江南水乡文化、良渚文化、临平近现代发展史等。馆内设有VR互动区，可供体验蹴鞠、投壶等游戏，以及手工、沙画等活动。

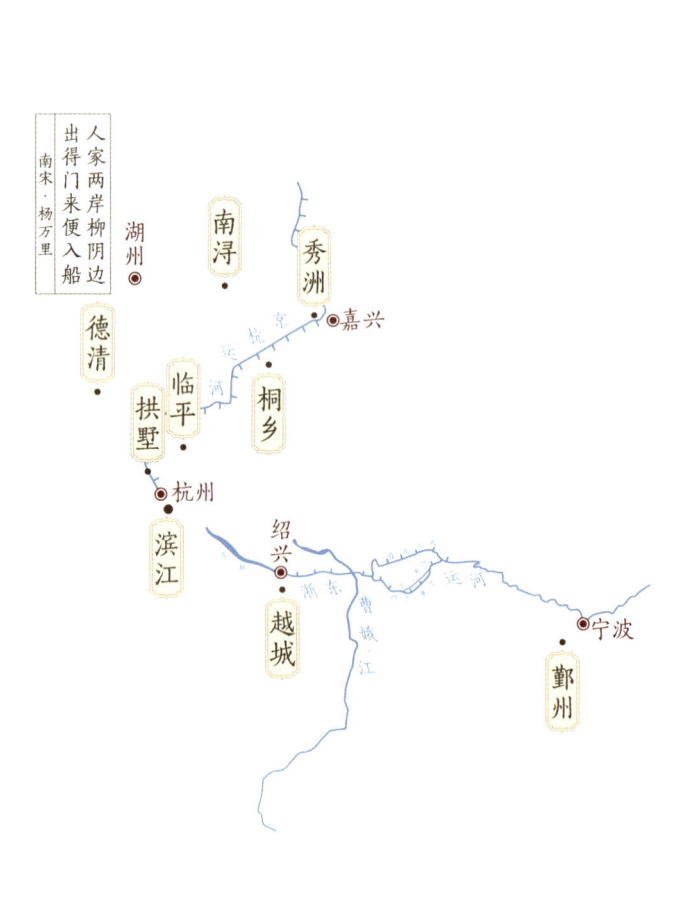

> 人家两岸柳阴边
> 出得门来便入船
> ——南宋·杨万里

- 湖州
- 南浔
- 秀洲
- 嘉兴
- 德清
- 临平
- 桐乡
- 拱墅
- 京杭运河
- 杭州
- 滨江
- 绍兴
- 越城
- 浙东运河
- 曹娥江
- 宁波
- 鄞州

德清

安静优雅新市镇
休闲度假莫干山

跟着诗词游浙江
大运河诗路
Discover Zhejiang Through Poems

舟过德清

南宋｜杨万里

人家两岸柳阴边，出得门来便入船。
不是全无最佳处，何窗何户不清妍。

提到湖州市的古镇，最先想到的大概是南浔古镇，而提到德清县，莫干山又声名在外，名气盖过所属县市。位于湖州市德清县、曾繁盛一时的新市古镇，在后运河时代洗尽铅华，更多地表现出安静和优雅，一如当年杨万里笔下的德清。这对于很多真正喜爱古镇的人来说是件好事——原汁原味的建筑和民俗，更能让人感受到原汁原味的诗画江南。

【一】

运河时代,诞生过无数个辉煌一时的商贸重镇,位于湖州市德清县的新市古镇就是其中之一。新市古镇坐落于江南运河中线的喉舌地段,水环路绕,古桥众立,虽名新市,其史却古。

在大运河开凿前,新市的商贸活动便已开始。据记载,自西晋朱泗治水之后,新市以水成市,以市聚民,久而久之,新市市集便远近闻名。

宋代经济与文化重心南移,朝廷在当地设镇,使得新市迎来了新的繁荣。因地理位置优越,又依托京杭大运河,新市建立了八十桥梁、三十六弄、十三街坊,无论人口数量还是经济规模,历史上的新市古镇均居德清县内第一,在整个大运河沿线也是举足轻重的,

在近代有"千年小上海，江南百老汇"的美称。

明代刘仲景的《过新市》就描绘了新市古镇当年绮丽繁华的盛景：

> 泽国鱼盐一万家，从来人物盛繁华。
> 青衫云鬓能摇橹，白苎冰肌解踏车。
> 比屋傍河开市肆，疏苗盈野间桑麻。
> 吴歙一曲随风度，荡漾湖光映晚霞。

名镇亦出名人，南北朝道士陆修静曾隐居新市，潜心修行，新市因他而有"仙潭"的美名；宋、明、清时走出了吴潜、吴渊、陈霆、沈铨等著名书画家，这也说明新市不仅是市井繁华之地，亦是文化繁盛之地。

曾经运河繁华地，如今恬淡与闲适。沿着西河口水街长廊漫步，沿水而建的靠街骑楼还保持着清末民初的水乡特色，古朴的石库墙门、精致的民居砖雕、石砌的堤岸河埠、河面上的桨声楫影，都在

新市古镇

娓娓诉说着岁月的故事。

　　古镇的弄堂里藏着一间温暖的咖啡店——企鹅咖啡，这是间小而精的夫妻店，店招上画着两人的卡通形象，门把手是用咖啡机手柄做的，非常可爱。

　　夫妻两人每个月都会在店门口照张合影，纪念和咖啡店一起成长的时光，他们也用 vlog 的方式记录着开店日常：一只走丢的拉布拉多被送快递的小哥收留，每天跟着小哥的三轮车在古镇里穿梭，甚至跑得比三轮车还快；有一只叫"柠檬"的花猫，几乎每天都趴在咖啡店的木窗台上，成了店里的活招牌；咖啡店初开时夫妻二人亲手种下了一株欧月，现在五年过去了，月季藤蔓已经攀到墙头，每到春天他们就实现了鲜花自由，等等。

　　这些日常生活中的"小确幸"，构成了小镇生活的散文诗，企鹅咖啡就像"解忧杂货铺"一样，记录着自己、客人，还有小镇上邻居间温暖的故事，也治愈着听故事的人。

企鹅咖啡主理人

【二】

  同在德清县且相距只有 40 多公里的莫干山，与新市古镇的风貌迥然不同。

  相传干将和莫邪在此山铸成绝世宝剑，因而得名"莫干山"。莫干山属天目山余脉，连绵起伏，秀丽多姿，山中茂林修竹、水清而洌，夏季也十分凉爽，是著名的避暑胜地。

  作为老牌风景名胜，莫干山在国外也很有名。1896 年，英国人贝勒在莫干山建起了第一幢山村别墅，此后 20 多年间，美、英、德、俄等国人纷纷在这座秀丽的山中建别墅，还配套建起了邮局、旅馆、泳池和网球场等。莫干山成为近代中国休闲度假的发源地之一。

别墅外景

1928年莫干山管理局成立后，中国人也开始在山中修建别墅，中国古典式、欧洲田园式以及城堡式建筑在山林中交错，俨然一座"万国建筑"博览园。而著名的莫干山会议的召开，又给这座山增添了新的内涵和色彩。

中西文化的碰撞造就了莫干山开放与包容的底色，西方人在莫干山中开办的旅店也启发了当地人。如今来莫干山度假的人，几乎都是冲着这里山环林绕、风景如画的民宿来的。

莫干山的四季都是美丽的，夏季和秋季尤其。在莫干山景区内的万国建筑群中，有一栋特别的房子——由62号别墅改造成的枫鹃谷忘山民宿，每年深秋，这里都格外火热繁忙。

别墅守着一株500多年的红枫，枝叶繁茂，挺拔参天。每年从10月起，人们就开始期盼，倒数着日子，仿佛在迎接盛大的节日——终于有一天，百年红枫一夜间披上艳丽的华服，在阳光下

窗外的红枫（民宿主理人　供图）

门口的百年枫树（民宿主理人 供图）

更是如火焰般炽热，几百米外都能看到它妖娆的红装。

住在民宿里的客人推开窗就能跟秋天撞个满怀，来店里喝下午茶的游人更是醉翁之意不在酒，纷纷拿出看家的摄影本领来和红枫合影。

主理人荞麦包小姐，在拥有这样一家浪漫民宿的同时也是一个卖花的姑娘，会在节日到来之际，在枫树下做好花艺置景，和城堡式的62号别墅一起，让来到这里的游客仿佛走进了童话世界。

不过，来莫干山赏秋，远道而来的人还是要提前做好预案的，甚至有点碰运气的意思——莫干山枫叶红的时间每年都不太一样。

如果是在深秋或冬季时抵达，或许会发现山中商业街上的店铺大多停业休息了。不过，有一家名为永利酒家的餐厅会一直亮着灯，等待着客人的到来。这是家百年老店，虽然不是家族传承，但也经

民宿内景

历了风风雨雨，一直秉持诚信经营的原则，如今由一对老年夫妻经营着。老板娘说，他们从来都是全年不休的，已经把这里当成家，开着门是为了让过来的人随时可以有个吃饭的地方。话很朴实，但也很有温度。而且，为了随时迎接客人，老两口每天都会备齐菜单上所有菜的原料，他们的这种善意让很多客人感受到了别样的温暖，甚至让莫干山和德清也多了几分暖意。

庾村

庚村广场

攻略

住 裸心谷

地址：湖州市德清县筏头乡兰树坑村上下庄37号

推荐理由：这里的山谷内，溪流、瀑布、岩石等自然景观裸露在外，没有人工修建的痕迹，保持着原始自然的状态。整体设计贴近自然，夯土小屋房型很有特色。

住 裸心堡

地址：湖州市德清县莫干山镇劳岭村三九坞12号

推荐理由：它是苏格兰传教士、医师梅藤更建造的城堡，连续5年入围知名的黑松露TOP榜，是一座真正的古堡酒店。

住 一粟·莫干山风景区度假酒店

地址：湖州市德清县莫干山风景名胜区317号

推荐理由：位于莫干山的最高点，依山而建。从旭光台步行可达，剑池就在酒店山脚下。酒店由一栋1932年的民国别墅及另一栋现代建筑组成，目前对外开放的是现代建筑。客房位于建筑物的下沉式部分，被山野包围，每扇落地窗都拥有水杉树林视野。

住 草埕·温泉建筑美宿（莫干山店）

地址：湖州市德清县莫干山镇仙潭村杨坞坑32号

推荐理由：坐落在莫干山的半山腰上，独特的双拱形木屋设计，在盘旋小路上就能远远看到，像是童话里梦幻的森林小屋。民宿室外有天然泉水的泳池，有被竹林包围的"私汤"温泉。

住 芦花荡饭店

地址：湖州市德清县莫干山风景名胜区86号

推荐理由：坐落在莫干山的山野间，有16幢别墅。穿过城堡露台和拱形长廊，沿石级而上，可远眺葱茏的绵延山谷。

住 大墅下·莫干山设计师温泉美宿

地址：湖州市德清县莫干山镇仙潭村二组大树下3号

推荐理由：民宿毗邻莫干山风景名胜区等丰富的游玩地，交通便利。圆形拱门、花园小院、无边泳池，满满的地中海风情，摩洛哥建筑风格与东方意境结合，空灵、静寂、圆融，营造出淡泊意趣，仿佛一秒来到摩洛哥庄园，打卡拍照超出片。

住 来野·莫干山设计师民宿

地址：湖州市德清县莫干山镇燎原村中村76号

推荐理由：野，远离都市，回归自然。来野，是一种生活态度，也是一种生活方式，还是一种生活品质。民宿设计受国际建筑大师勒·柯布西耶的建筑五大要素启发，对水中的一棵树的概念进行了诠释与重组，让建筑像树一样自由生长。民宿共有8个房间，因"自由生长的树"的建筑主题，房间均以树名命名。极具特色的纯白建筑旁有一汪清澈的露天无边泳池，白色与蓝色相互映照，是网红打卡点。

住 骊上·青骊设计师民宿

地址：湖州市德清县莫干山镇紫岭村里村47号

推荐理由：一方自然山水，一个游憩空间。民宿以山水画为蓝图，以田园诗为意境。每栋小楼设三层，一层是开敞自由、内外空间相互渗透的公区；二、三层各设一间独立客房，六间房都有绝对安静的睡眠场域。屋外可游、可望，屋内可息、可居。打开门，庭院闲坐，风吹竹摇，怡然自得；关上门，卸掉包袱，回归自我，形无所牵。

住 未迟浅境·林栖谷隐

地址：湖州市德清县莫干山镇南路村横岭下村2号

推荐理由：共两栋别墅，通过精妙的选址、极致的设计与配套、人本的服务、丰富有趣的内涵、专业的管理和专注的态度，致力于让每一位客人在脱离城市喧嚣后，过上不受打扰却依然充满人情温暖、避世却依然精彩丰富的乡村度假生活，是莫干山具有代表性的酒店之一。

住 莫干·听山酒店

地址：湖州市德清县莫干山镇仙潭村碧坞郎家坑24号

推荐理由：占地约1000平方米，有2栋别墅共9间客房，每间房都能直接对望莫干山主峰的无敌山景。在设计风格上，将浪漫慵懒的南欧风格与浓烈朴实的北非风格融合在一起，既有异域风情，又有质朴的一面。室内大量使用了圆拱门洞，营造出地中海沿岸的浪漫情调；而温暖的混合了稻梗的土墙，与粗粝的石块相互辉映，又把人拉回到中国的大山里。

住 莫干山缦田生态度假酒店

地址：湖州市德清县莫干山镇筏头村渔村8号（近304省道）

推荐理由：酒店环境优美、清净、舒适，距离莫干山风景区仅9.3公里，距离下渚湖风景区29.2公里；坐拥300多亩生态园，是集有机农场、小精灵乐园、四季果园采摘、森林温泉、户外大草坪露营等休闲方式于一体的亲子度假酒店。客房内的设施设备及洗漱用品都是精挑细选的，房间自带的超大阳台更是三两好友品茗聊天、享受惬意时光的好地方。

住 莫干山瀛轩设计师度假民宿

地址：湖州市德清县莫干山镇劳岭村乌龙山28号

推荐理由：位于村落尽头，门口是270°广角的有机稻田，背靠竹林，既便于抵达，又视野开阔。整个民宿的风格为北欧简约现代风，室内装修兼有美术馆风格。景观特色客房共10间，每一间通过落地玻璃窗都能看到独特的美景。室外公区更加让人留恋，在门口的草坪和顶楼360°观景露台上能一览一年四季莫干山最美的田野风景，偶尔还会遇上不定期的演出和治愈的手碟分享。屋后有大小两个竹林泳池，夏天可游泳戏水，冬天可泡汤暖身。

【住】西坡·劳岭良室民宿

地址：湖州市德清县莫干山镇劳岭村高南线义远有机农场西南900米

推荐理由：西坡在莫干山的二店，占地3500平方米，共有23间客房，远山环抱，与自然融为一体。这里是一个集乡村生活体验、餐饮住宿、手工作坊、艺术展览等多种元素于一体的综合性乡村生活体验基地，致力于让每一位来到翠绿山野的旅客，都能通过良室与自然和谐共处，与乡村文化交融，感受生活的本真与美好。

【住】三秋·莫干山设计师度假美宿

地址：湖州市德清县莫干山镇庙前村干庙坞三组

推荐理由：一日不见，如三秋兮。三秋，在《诗经》里被用于以时间的长度表达思念的深度。美宿在莫干山脚下，由三座房子组成，依山傍水、竹林掩映。走在三秋，满眼都是时光的印记，老房子的梁柱骨架、房顶的砖瓦、铺路的条石，到处都藏着几十年的光阴故事。每个房间的窗子都裁得一片山里的绿色，窗窗含翠，自成风景，是度假、休闲的理想选择。民宿是省级白金宿，由裸心堡设计师吕晓辉操刀设计，保留了老房子原有的结构。

【食】菜根香

地址：湖州市德清县莫干山风景名胜区芦花荡饭店三楼

推荐理由：莫干山本地风味菜品尤其出色，推荐梅干菜肉、油焖竹笋。

【食】杏仙面店

地址：湖州市德清县莫干山镇黄郭东路15号

推荐理由：十年老店，喜欢面食的朋友不容错过，面条筋道爽滑，推荐猪肝拌面、炒馄饨、大肠汤面。

🍴 云峰饭店

地址：湖州市吴兴区埭溪镇太平桥村梅峰太平桥菜场旁

推荐理由：小餐馆环境很一般，但口味相当好，已经开了几十年，积累了很好的口碑。食材都是新鲜采摘的，不少外地游客专程开车来吃。

🍴 云溪山宴

地址：湖州市德清县莫干山镇筏头村筏头街68号

推荐理由：餐厅开在筏头村，环境还不错，菜品值得夸赞。

🍴 金鱼妈妈山野餐厅（广场店）

地址：湖州市德清县莫干山镇黄郭西路48号

推荐理由：江南古韵装修风格，环境幽雅别致，既有当地特色菜，也有创新苏浙菜，性价比较高。推荐肉末老豆腐、秘制砂锅水库鱼、高山毛笋干。

🍴 一凡餐厅

地址：湖州市德清县莫干山镇黄郭东路14-16号

推荐理由：莫干山老牌餐厅，门店看上去比较低调，菜品不仅有山珍也有海味。店家服务态度也很好，来这家怎么点都不会踩雷。

🍴 寻味餐厅

地址：湖州市德清县莫干山镇仙潭村13组

推荐理由：在碧坞龙潭景区边上，被满山的绿意包围。

🍴 镜湖餐厅·老传统莫干味

地址：湖州市德清县莫干山镇劳岭村二组2号

推荐理由：位于劳岭水库旁边，傍晚的时候景色非常美，吃完饭还可以绕着水库逛一圈。

食 泽家餐厅

地址：湖州市德清县莫干山镇兴旺路61号

推荐理由：当地人气很高、价格很实惠的一家土菜馆。老板娘在小院种满了花花草草，顾客可享受视觉味觉双重盛宴，菜量很足。

食 荒室咖啡 WildHouse

地址：湖州市德清县莫干山镇黄郭东路85号

推荐理由：庭前是院落，入内如入森林，随处可见的绿植沁人心脾，匆忙的脚步在踏进店内的一刻慢慢变缓，绝对是放松心情的好去处。

食 青芷森林咖啡店

地址：湖州市德清县莫干山镇五四村陆家山

推荐理由：藏在密林里的文艺咖啡馆。穿过满是绿意的杉林，走过木质吊桥，才能找到这家有着玻璃花房、ins风滑梯、森林栈道的咖啡馆。随手一拍就超级出片。

玩 庾村

地址：湖州市德清县庾村庾信北街39号

推荐理由：莫干山"浪漫和文艺"的代名词，地方不大，却聚集了很多咖啡馆、文创店、小酒馆等，非常值得一逛。钟楼紧挨着莫干山民国图书馆，可以说是庾村的地标性建筑，白鸽时常围绕着钟楼盘旋，浪漫且出片。

玩 白云山馆

地址：湖州市德清县莫干山风景名胜区509号

推荐理由：建于1915年。蒋介石与宋美龄结婚后，即选择来这里度蜜月，并植美人茶一棵，此树曾被评为"浙江最美古树"。

玩 陈毅楼

地址：湖州市德清县莫干山风景名胜区88-A号

推荐理由：位于莫干山芦花荡公园东北侧，与金家山毗邻。建于1934年，为当年大名鼎鼎的双喜烟王简玉阶之子简妙希所建。自20世纪50年代初起，先后由华东干部疗养院、太湖华东疗养院、上海疗养院使用。因陈毅元帅在1952年上山探望好友时曾下榻于此，并留下词作《莫干山纪游词》，故又称"陈毅楼"。

玩 将军楼

地址：湖州市德清县莫干山风景名胜区215B号

推荐理由：位于莫干山上横路。始建于20世纪20年代，初为莫干山疗养院，后作为国民党陆军疗养院，专事接待师级以上军队将领。中华人民共和国成立后，中共华东局在原有基础上建立了华东干部疗养院，曾接待过朱德、彭德怀、刘伯承、贺龙、陈毅、张云逸等开国元勋，故称"将军楼"。

玩 林海别墅

地址：湖州市德清县莫干山风景名胜区邮电路4号

推荐理由：建于1934年，始建业主为旧上海的"三大亨"之一张啸林，初称"啸林公馆"。别墅除卧室是仿欧建筑外，议事堂是纯粹的中国古典式建筑，大堂内全用中国古典式方砖，朱红大柱，落地长窗上刻着一套《西厢记》浮雕，至今保存完好，人物神态逼真，精美异常。

玩 蒋介石别墅

地址：湖州市德清县莫干山风景名胜区550号

推荐理由：位于武陵村，因周围多古松、大阳台呈半月形而得名。1948年7月底，作为蒋介石的临时总统官邸，曾在此召开了所谓的"币制改革会议"，决定发行"金圆券"。松月庐也因此成为这次"垮台的会议"的见证者。

玩 陈叔通旧居

地址： 湖州市德清县金家山路552号

推荐理由： 位于莫干山东北端屋脊头金家山路，建于1933年，建筑风格颇有杭州民宅味道，具有浓郁的南宋遗风。房子的主人陈叔通为清末翰林，年轻时参加过康有为、梁启超的维新变法，曾任浙江兴业银行董事。

玩 贝勒别墅

地址： 湖州市德清县莫干山风景名胜区545号

推荐理由： 位于莫干山风景名胜区金家山，为石木结构二层洋楼，始建业主为英国人贝勒，建于1896年，是莫干山有记载的最早的别墅。

玩 大教堂（大礼拜堂）

地址： 湖州市德清县莫干山风景名胜区450号

推荐理由： 由美国传教士海依士所建，1923年7月15日落成，是莫干山建筑群中典型的中世纪城堡式建筑。教堂二楼的彩绘玻璃窗特别好看。

玩 旭光台

地址： 湖州市德清县莫干山风景名胜区内

推荐理由： 莫干山观赏日出日落、赏山景的最佳处，可观莫干山全景。

玩 牧师别墅

地址： 湖州市德清县莫干山风景名胜区329号

推荐理由： 位于莫干山荫山街附近，建于1926年。该别墅是莫干山现有老别墅中保留完整、具有特色的优秀建筑之一，其建筑图纸和部分装饰材料引进于20世纪二三十年代的英国。这里也是1984年首届全国中青年经济科学工作者学术讨论会会址之一，近年来多部影视剧在此拍摄。

玩 大坑景区

地址：湖州市德清县秋水云庐山庄附近

推荐理由：天朗气清时，视野开阔，满目苍翠；云兴雨作时，水雾弥漫，像极了迷雾森林，别有一番风味。鸢飞亭、流云桥、怪石角等打卡点，拍照打卡很出片。

玩 剑池

地址：湖州市德清县莫干山风景名胜区内

推荐理由：被誉为"山中第一名胜"。史载春秋末年，干将和莫邪奉吴王阖闾之命铸剑于此，莫干山也因此得名。今尚有剑池、磨剑处、试剑石等遗迹。飞瀑危崖是剑池自然景观的精华。

玩 武陵村

地址：湖州市德清县莫干山风景名胜区内

推荐理由：位于莫干山东北之金家山顶，地势轩爽，环境幽静。因20世纪30年代陈叔通等人在此营造别墅而取名武陵村。武陵村也是观赏莫干山大竹海的绝佳处。

玩 天门

地址：湖州市德清县莫干山风景名胜区内

推荐理由：由一块岩体断裂、位移而形成的仅可容一人侧身而过的石门奇观。岩下的蜡梅园中种植了蜡梅、西南蜡梅、夏蜡梅、美国蜡梅、柳叶蜡梅等，从严冬到春、夏、秋次第开放，堪称一绝。

玩 芦花荡公园

地址： 湖州市德清县莫干山风景名胜区内

推荐理由： 山中最大的人工园林。莫干山被誉为我国四大避暑胜地之一，芦花荡是此山中最佳的"消夏湾"之一。莫干山"三胜"中有"泉"一胜，芦花荡的鹤啄泉又为此山中名泉之冠。

研 毛主席下榻处

地址： 湖州市德清县莫干山风景名胜区126号

推荐理由： 一座建于1934年的别墅。1954年3月，毛泽东主席在杭州主持起草第一部宪法期间曾在此下榻，被莫干山自然美景深深吸引的他特作诗一首——《七绝·莫干山》："翻身复进七人房，回首峰峦入莽苍。四十八盘才走过，风驰又已到钱塘。"室内陈设基本保持当时原貌。此处也是眺望裸心堡的最佳位置。

研 中共浙西特委旧址

地址： 湖州市德清县莫干山风景名胜区140号

推荐理由： 最早为法国东方汇理银行产业，依山而筑，掩藏在竹林深处。1940年，中共浙江省委为加强对浙西抗日救亡运动的领导，指派顾玉良（浙西特委书记）、张之华（浙西特委委员）前往浙西地区组建和领导特委工作，特委机关设于此，这里一度成为浙西地区开展抗日救亡运动的中心。

研 加州农业阳光生态园

地址： 湖州市德清县莫干山镇高峰村内

推荐理由： 以体现和追求"阳光、健康"为规划宗旨，以莫干山风景名胜区、德清现代林业示范园区为依托，以农业科技研发、品种推广、户外休闲、度假游憩等为产业特色，集现代农业示范、生态休闲、乡村度假于一体，适合亲子活动，也是很好的科普基地。

研 德清蚕乐谷蚕桑科普教育基地

地址：湖州市德清县莫干山镇高峰村西兴31号

推荐理由：前身是创办于1931年的莫干山蚕种场，也是浙江省历史最悠久的蚕种场，保留了大量的民国建筑。自2012年起，基地以蚕丝文化为主题，开展科普教育、研学旅行、学生团、亲子游，先后被评为"浙江省休闲农业与乡村旅游示范点""市休闲农业示范园区""浙江省蚕桑科普教育实践基地""市级科普教育基地""首批湖州市中小学生研学实践教育基地"。

研 新市古镇

地址：湖州市德清县新市古镇

推荐理由：德清县新市古镇旅游开发有限公司推出了"食彩德清，寻味非遗"课程，重点讲述新市茶糕的历史文化背景、制作原理、工具材料的选择和特点，以及其在地方非遗保护中的地位。还会邀请非遗茶糕制作师傅进行现场演示，可让游客近距离观摩并学习传统工艺，尝试亲手制作茶糕。

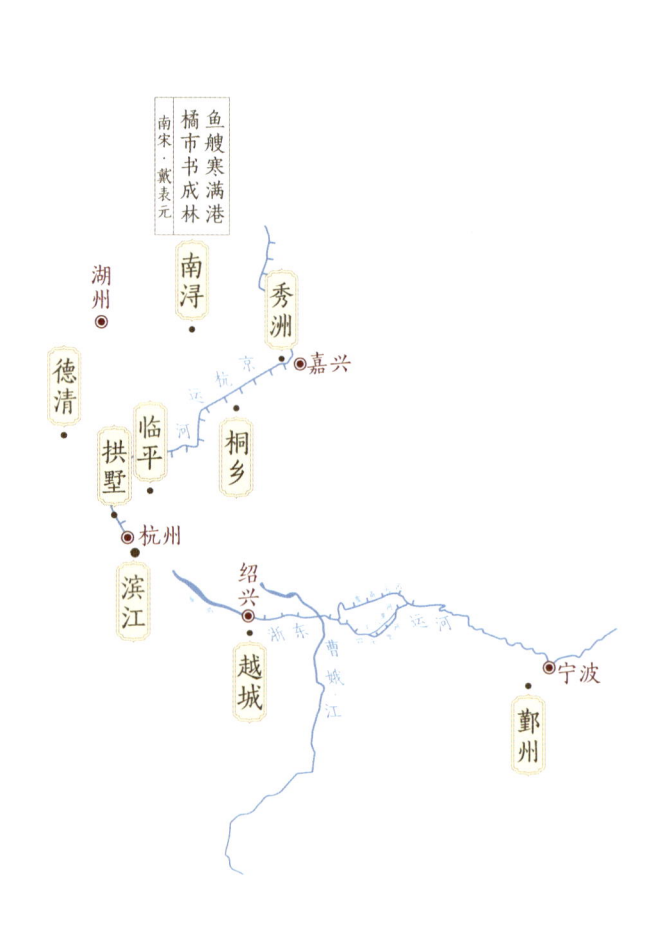

鱼艘寒满港
橘市书成林
南宋·戴表元

南浔

秀洲

湖州

嘉兴

德清

临平

拱墅

桐乡

杭州

滨江

绍兴

越城

宁波

鄞州

南浔

江南古镇最中国
浔迹浔味又浔韵

跟着詩詞遊浙江
Discover Zhejiang Through Poems
大运河诗路

东离湖州泊南浔

南宋 | 戴表元

张帆出东郭，沽酒问南浔。
画屋芦花净，红桥柳树深。
鱼艘寒满港，橘市书成林。
吾道真迂阔，浮家尚越吟。

曾写下"行遍江南清丽地，人生只合住湖州"的湖州籍诗人戴表元，在乘船停泊南浔时，面对眼前绿波三叠、帆影如织、如梦繁华的水乡风貌，写下了另一名作——《东离湖州泊南浔》，直接表达了自己对南浔的喜爱。南浔也确实值得他喜爱。尤其是被誉为"中国江南的封面"的南浔古镇，2014年作为中国大运河的一部分被列入《世界文化遗产名录》，成了首个入选《世界文化遗产名录》的江南古镇。

【一】

"毛颖之技甲天下"的湖笔文化、"春衣一对直千金"的丝绸文化、"稻米连湖逐岁丰"的鱼桑文化、"吴门之外首推浔"的园林文化,以及"黄金散尽为收书"的藏书文化……都是南浔的无尽蕴藏。从每一种文化说开去,都是一部皇皇巨著。

"这里有水晶晶的水,水晶晶的太空……水晶晶的朝云,水晶晶的暮雨,水晶晶的田野……水晶晶的春草,水晶晶的垂柳……水晶晶的雨巷,水晶晶的长街……水晶晶的灯火,水晶晶的炊烟……这是我的水晶晶的家乡!"

南浔籍诗人、散文家徐迟在他的自传体小说《江南小镇》中,曾连用 66 个"水晶晶"来赞美南浔古镇,为南浔提炼了一个广为人知的意象——水晶晶的南浔,而这显然与南浔古镇的水密切相关。

南浔古镇

依河而建的民居

南浔的水与大运河有直接的关系——湖州多山，在古代陆路交通还不发达的时候，商旅与货物运输几乎全仰赖水路船运，所以南浔人也称大运河为母亲河。

其实，早在京杭大运河开通到南浔前，晋代吴兴太守殷康就曾率众开挖荻塘，那时的南浔就已经成为湖州和苏州之间的交通要塞了。

后经世代开发耕耘，再加上京杭大运河的汇入，南浔境内平畴数十里，河网如织锦，桑田千顷，鱼米飘香。农业上首创的"桑基鱼塘"和商贸业独一份的"辑里湖丝"，如同印钞机一般在这片土地上不断创造着财富神话。

手工业方面，善琏湖笔名甲天下，双林绫绢薄似蝉翼，再加上运河交通之便，鼎盛时期的南浔，一镇便富可敌国，所以当时有民间谚语说："小小南浔镇，可抵半个苏州府。""湖州一个城，不及南浔半个镇。"

直到今天，南浔古镇曾经的

辉煌,依然时时可见、处处可寻。

最直观的是古镇面积之大。官方材料显示,整个南浔古镇占地34.27平方公里,分为三个部分,具有"南雅中闹北闲"的特征。

具体而言,小莲庄、嘉业堂藏书楼等名人故居与旧宅主要聚集在南部区域;南东街、南西街组成的中心景区是主要的商业区,店铺鳞次栉比,业态丰富多元,逛完需要大半天;北部景区以沿河民居建筑百间楼为主,比较幽静,是民宿聚集的区域。

所以,与大多江南古镇的精致小巧不同,在南浔古镇,你需要做好心理准备,因为哪怕你已经走了一整天,直到步履沉重,可能依然没有逛完所有景点。

【二】

南浔古镇不仅面积大,而且风格多样,其独特性之一是其间中西合璧的园林建筑。

这些建筑以清代和民国时建造的居多,那时的南浔富甲一方,出了被民间称为"四象八牛七十二金狗"的名商巨贾,为当地大院私宅、品质园林的修建奠定了雄厚的经济基础。

再加上中西文化交流处于黄金期,许多浔商都有留洋的经历与广博的见识,他们的园林不仅承袭传统文人造园的手法意境,融收藏、雅集与园林于一体,而且汲取了西方文化元素,从而在材料、造型、审美等元素上形成中西杂糅的特色。

比如在"四象"之首刘镛建造的小莲庄中可以看到,飞檐翘角的中式六角亭与红砖拱券的西洋式建筑东升阁和谐共处,被诗意十足的太湖石假山与荷花池环绕。张石铭的旧宅,前两进可见砖雕、

中西结合的建筑风格

小莲庄

石雕与东阳木雕，精致繁复，集工匠手艺之大成；第三进开始表现出中式外形与西式装饰结合的特征；第四进则建有巴洛克风格的西式舞厅，厅内装饰地砖，镶嵌彩色油画，华丽却不张扬，但厅前所植两棵广玉兰枝叶茂密，又让西式舞厅掩映在"犹抱琵琶半遮面"

张石铭旧居中的舞厅

小莲庄荷花池（南浔古镇景区 供图）

的中式意境中。

难怪园林大家童寯先生曾称赞道："吴兴园林，今实萃于南浔。"在这样的造型艺术和意境设计中穿行，定会对"是不可多得的园林建筑范本"之评价有更直观的感受。

双浇面（南浔古镇景区 供图）

除了这些"豪宅"，南浔古镇的美食也值得品鉴，比如著名的双浇面。

顾名思义，双浇面就是一份面里放两种浇头，最经典的组合是甜酥爆鱼搭配肥而不腻的五花肉。鱼经过油炸和卤汤浸泡，口感酥脆又入味，而五花肉经过焖煮，也是软烂香糯。咬一口浇头，再吃一口汤面，十分过瘾。再想想之前看到的那些古建园林，相信会让人幸福感爆棚——真是不虚此行，不虚此行啊！

【三】

"百间楼上倚婵娟，百间楼下水清涟。每到斜阳村色晚，板桥

百间楼

东泊卖花船。"清代诗人张镇的这首脍炙人口的《浔溪渔唱》，描述的便是春日里百间楼地区夕阳西下时的美好景象。

事实上，傍晚的百间楼也确实是南浔古镇最美的景色。

百间楼因一河两岸有楼房百间而得名，相传为明代礼部尚书董份为女眷家仆而建的居所，已经有400多年历史了，且保存良好。

今天的百间楼依然是依河而立，河道逶迤蜿蜒，楼前有骑楼长街相连。站在东吊桥上望去，百间楼在纵向分布上时宽时窄，呈现出丰富的变化与节奏。400米长的建筑长廊沿着弯曲的河道在远处汇聚于一点，夜幕降临，华灯初上，楼宇、树影、灯笼倒映在平静的河面，如在镜中一般，虚虚实实，实实虚虚，真是美妙至极。

百间楼地区还有一大特色，就是那些沿河而设的小餐馆。百间楼商业气息不浓，游客也不算多，主要以民宿、茶馆和小餐馆为主。天气好的时候餐馆会在靠河的骑楼长街和河埠石级处摆两张小桌子，客人可点几道家常菜，配上一壶花茶，有兴致的还可以再点上一瓶米酒。对食客而言，抬眼便是星河流彩的古镇夜景，可谓行脚一天后最好的放松；与此同时，对立于远处石桥上拍照的游客而言，这些客人，连同眼前的方桌以及所在的百间楼，也成了最美的风景。

这些小馆子不似中心景区的餐厅那样大气雅致，多是当地居民开的，且多为家庭作坊，但胜在温馨。就和去亲戚家吃饭一样，老板会先问客人的口味偏好，并顺便推荐一下自己的拿手菜，上菜后不忙了，还会聊几句闲话。当然，最关键的是，饭菜的口味也不输那些牌面酒楼。

论口碑，油爆河虾、东坡肉、绣花锦、太湖银鱼炒蛋等是值得推荐的，尤其是绣花锦，看上去跟普通青菜没什么两样，但入口后有一种别样的香甜。据当地人说，出了南浔这片土地便种不出这种味道的青菜，围绕这菜，当地还流传着一段关于西施的传说。这也充分说明了，美食从来都是和文化密切相关的。

【四】

民宿也是南浔古镇文旅的灵魂所在，几乎每一家民宿背后都有一个传奇的故事和主理人。比如在百间楼有一家名为囿舍的民宿，主理人张蕾是一位年轻的设计师，在大城市打拼数年后，选择和丈夫、女儿回到自己的故乡，开了这家民宿。她说，一方面希望为故乡做点贡献，另一方面也想找回生活该有的样子。

在张蕾所谓"生活该有的样子"中，还有两只花猫，它们平时

南浔 | 江南古镇最中国 寻迷浔味又浔韵　83

百间楼餐馆

南浔三道茶

都在古镇闲逛，天气不好时就会乖乖地趴在窗边，享受温暖和安逸的同时，也给了每一位住店的客人安静的陪伴。

张蕾8岁的女儿也是民宿的"风景"之一。小姑娘会给到店的客人端上三碗茶，并表示这是南浔的待客之道，即著名的三道茶：第一道是甜茶，名为"风枵汤"，风枵是糯米做的甜点，开水一冲，香甜软糯；第二道是咸茶，也就是熏豆茶，茶汤中有熏青豆、胡萝卜干、橘皮丝、白芝麻和嫩芽茶等多种作料，看起来五彩斑斓，喝起来层次丰富，咸中带甜；第三道是清茶，一般选用西湖龙井、顾渚紫笋或安吉白片等名品绿茶，味淡而清雅，喝完口齿清爽。

三道茶喝下来，颇有一种繁华过尽、回归平淡的人生况味。就像这间民宿名字的由来——"不囿于心，一舍半闲"，这也是张蕾

囤舍民宿

向往的生活方式。在此理念和心境下，民宿的装饰回归本真，粉墙黛瓦的古建筑与包了浆的古老木质家具完美契合，古朴自然，充满着生活气息。

小姑娘偶尔还向客人宣传套印明信片——从小习惯了和店里的客人打交道的她，不知不觉间就养成了天真活泼的性格。这也是张蕾夫妇希望她成长的方式——在耳濡目染之中，了解家乡的传统文化，并在开放交流中热爱并传承下去。

圈舍民宿

浔书房民宿

南浔｜江南古镇最中国，泽迷泽味又泽韵　87

树影婆娑

攻略

线 江南文化探源——走近湖州

线路安排

大唐贡茶院—湖州博物馆—钱山漾遗址—长三角人才服务中心—南浔古镇—善琏湖笔小镇—欧诗漫珍珠博物院—德清县博物馆（瓷之源）—莫干山风景名胜区—安吉古城国家考古遗址公园—浙江自然博物院安吉馆—余村景区

推荐理由：穿越千年，探寻丝源，现场观摩养蚕缫丝工艺，亲手制作国家级文创获奖产品——蚕茧胸针；笔下宋韵，走进书画江南，了解湖笔制作技艺（国家级非遗）和汉字艺术，了解制笔工序，完成湖笔制作；寻找世界瓷器起源，踏上问茶之旅；体悟经世湖学，感受湖州千年文化。

住 安纳亚·运河院子

地址：湖州市南浔区东大街100号

推荐理由：设计中融入了大量中式元素，一步一景。闹中取静，去各个景点都很方便。

住 南浔巨人君澜度假酒店

地址：湖州市南浔区泰安路68号

推荐理由：工业设计与婉约民国风的奇妙组合，位置也很合适，步行几分钟就可以到南浔古镇。

住 宿之极·南楼春晓度假民宿（百间楼店）

地址：湖州市南浔区百间楼河西63号

推荐理由：拥有将近400年历史的老宅建筑，面积大约1200平方米，共有13间客房，公区面积达50%以上，配套有咖啡厅、餐厅、泳池、会议室等。设计上，在尊重传统老建筑的基础上，用了一些比较流行的建筑材料。结合当地文化，将门拉手设计成"四象"的造型，让入住客人更好地了解南浔的历史与文化。随便一拍都很出片。

🍴 状元楼（东大街店）

地址： 湖州市南浔区南东街18号

推荐理由： 本地多年老店，味道正宗、价格便宜，据说也是体验本地特色双浇面的最佳去处之一。

🍴 长兴馆

地址： 湖州市南浔区东大街33号

推荐理由： 服务员很热情，菜点多了会制止。推荐蟹粉，有真实蟹肉丝在里面，干吃或拌饭吃很好吃；莼菜鱼丸汤，鱼丸非常滑嫩。

🍴 元泰酒店

地址： 湖州市南浔区南东街27号

推荐理由： 一定要点虾仁臭豆腐，传承下来的手艺，味道真的不错，可以说是拌饭"神器"。

🍴 浔溪人家

地址： 湖州市南浔区香山路118号

推荐理由： 性价比很高的老店，看样菜点菜。推荐暴腌菜猪肚，猪肚滑滑嫩嫩，没有奇怪的味道，搭配暴腌菜特别下饭，浇汤也很好吃。

🍴 春兰茶室

地址： 湖州市南浔区下塘东街24-1号

推荐理由： "南浔三道茶"是古镇南浔用来招待贵客的习俗。所谓三道茶：第一道是甜茶，糯米锅糍加上白糖冲开的风枵茶，寓意着生活甜蜜；第二道是咸茶，七种作料泡制而成，是三道茶中最考究的，寓意着芝麻开花节节高；第三道是清茶，大多是绿茶，寓意着两袖清风。很多街边的小店都会有三道茶。这家茶馆是一位老大爷开的，兴致高时还会跟客人讲讲南浔的历史故事。

🍴 建平饭店（浔横路店）

地址：湖州市南浔区浔横路137-139号

推荐理由：秋冬吃螃蟹的季节必点蟹粉，蟹粉拌饭一口下去满口蟹香。另外就是绣花锦，它是湖州的一道名菜，外形与普通青菜相似，有一种特殊的香气，又叫"美女菜"，名字源自有关西施的一个传说。

🍴 柳园春天

地址：湖州市南浔区人瑞路223号

推荐理由：这是南浔的老牌特色餐厅。手撕鸡是招牌菜，必点。萝卜丝汤圆也很推荐，口感特别黏糯，萝卜丝馅料很鲜。还有绣花锦，这是只有在南浔才能吃到的特别的蔬菜。

🍴 茶演 & 澜沧古茶

地址：湖州市南浔区东大街89-91号

推荐理由：古色古香，环境很美，很出片，是懂茶人喝茶的好去处。

🍴 江南水乡糕点

地址：湖州市南浔区南浔古镇景区内

推荐理由：这家店很低调，没有招牌，大部分顾客是骑着电瓶车来或步行来的当地人。百果糕、桂花糕、定胜糕、青团等都很正宗。

🍴 清风茶饮

地址：湖州市南浔区百间楼河西50号

推荐理由：位置在百间楼民居群，店面是本地人的住宅，没有进行特别的装修，可以直接在外面河边的石墩子上吃饭。吃着家常菜，喝着当地特色的三道茶，看着古镇夜景，也算这里的一大特色，非常不一样的体验。

玩 小莲庄

地址：湖州市南浔区南西街124号

推荐理由：它是南浔"四象"之首刘镛的私家花园，始建于清光绪十一年（1885）。它与嘉业堂藏书楼毗邻，园外为鹧鸪溪，都是南浔古镇必到的打卡地。在小莲庄码头可以乘坐夜游船。

玩 张石铭旧宅

地址：湖州市南浔区人瑞路51号南浔古镇景区内

推荐理由：又名懿德堂，是一座中西合璧式楼群，有五落四进和中、西式楼房150间，装饰有昂贵的蓝晶玻璃。仔细逛的话，起码要两个小时以上。

玩 刘氏梯号

地址：湖州市南浔区人瑞路51号南浔古镇景区内

推荐理由：西式建筑，人称"红房子"，主人刘安泩，号梯青，正厅名为崇德堂，故又称刘氏梯号。

玩 百间楼民居群

地址：湖州市南浔区人瑞路51号南浔古镇景区内

推荐理由：民居沿河两岸蜿蜒而建，长约400米，又架长板石桥连接两岸。为明代万历年间（1573—1620）礼部尚书、南浔人董份所建，也是南浔古镇必到的打卡点，拍照很出片。

玩 蒙公祠

地址：湖州市南浔区中兴路蒙溪公园西侧约70米

推荐理由：蒙恬为秦朝大将，相传为我国制笔始祖。善琏制笔历史悠久，南朝时已盛产湖笔。建蒙公祠祭祀笔祖蒙恬，据资料记载最迟在元代。

玩 求恕里

地址：湖州市南浔区南西街109号

推荐理由：由嘉业堂藏书楼主人刘承干于1930年所建。1920年，刘承干建嘉业堂藏书楼，为了满足藏书楼管理的需要，扩建求恕里，作为他和家属回浔小住之处和藏书楼的管理之所。属于典型的中西合璧建筑，由门房、甬道、西洋门楼、券门、庭院和独立的楼厅组成。

玩 南浔文园

地址：湖州市南浔区南浔古镇内

推荐理由：分南北两部分，由天桥相连。南园主要为江南园林，周围建有儿童乐园、大型树桩盆景园、名人诗廊等；北园以湖心文昌阁为中心，周围布有名人诗廊、红军长征纪念馆、吴寿谷艺术馆、徐迟纪念馆、明代石狮等景点。

玩 善琏湖笔厂

地址：湖州市南浔区善琏镇庙桥弄6号

推荐理由：作为文房四宝之首，毛笔是至今无法完全机械化和工业化生产的中国传统文房工具，而湖笔更是享誉海外的纯手工技艺国粹遗珍。在这里可以近距离看到湖笔是怎样在老师傅手里一步一步被制作出来的。

玩 张静江故居

地址：湖州市南浔区东大街108号

推荐理由：又名尊德堂。它保持清代传统三进五间式古建筑风格，一进有一厅五室，每进之间各有天井，每进一堂便递高一级，每进间连有防火用的直式火巷。二厅、三厅陈列着有关张静江生平事迹的各种照片、书札、任命状等，其中颇多名人遗物。

玩 善琏湖笔小镇

地址：湖州市南浔区善琏镇

推荐理由：湖笔的发祥地。拥有"湖笔制作技艺"和"含山轧蚕花"两项国家级非物质文化遗产，两次被当时的文化部命名为"中国民间文化艺术之乡"。小镇不大，有中国湖笔博物馆、善琏湖笔厂、蒙公祠、湖笔一条街等。

研 中国湖笔文化馆

地址：湖州市南浔区善琏镇湖笔街158号

推荐理由：充分利用湖州史迹文物及湖笔源流史开展宣传活动。通过活动使参观者了解湖笔文化，了解湖笔的发展历史。

研 嘉业堂藏书楼

地址：湖州市南浔区南西街万古桥边

推荐理由：中西合璧园林式布局，"口"字形回廊式厅堂建筑，所有木窗都镂空雕刻着"嘉业堂藏书楼"字样，楼外是大片花园、池塘、假山。从这里可以明显感受到，当时的江南富庶之地已经颇受西洋文明的影响。

研 辑里湖丝馆

地址：湖州市南浔区南西街79号

推荐理由：由南浔商会会长梅履中等人于1926年发起建造。中华人民共和国成立后一直是南浔镇政府所在地，1998年10月镇政府搬迁，此处改建为南浔史馆。

研 中国淡水渔都中小学研学科普教育基地

地址：湖州市南浔区菱湖镇渔都渔创街区

推荐理由：基地内有渔都渔创街区、中国淡水渔都农耕（渔）具馆、淡水渔都标本展示馆、范蠡大讲堂、菱湖历史记忆馆等，参观者可以了解渔文化，体会渔文化的趣味。

研 南浔后坝科普教育基地

地址：湖州市南浔区双林镇后坝村

推荐理由：该基地一期投资4000万元，主要分为水乡穿越区、消防实训区、农耕文化体验区、户外农耕体验区、拓展培训区、野外露营区、非遗手工制作区、烧烤野餐区、农事果玩区。其中，农耕文化体验区占地1000平方米，包含五大科普内容，分别为豆文化、农耕文化、稻文化、桥文化、蚕文化，是青少年科普教育的好去处。

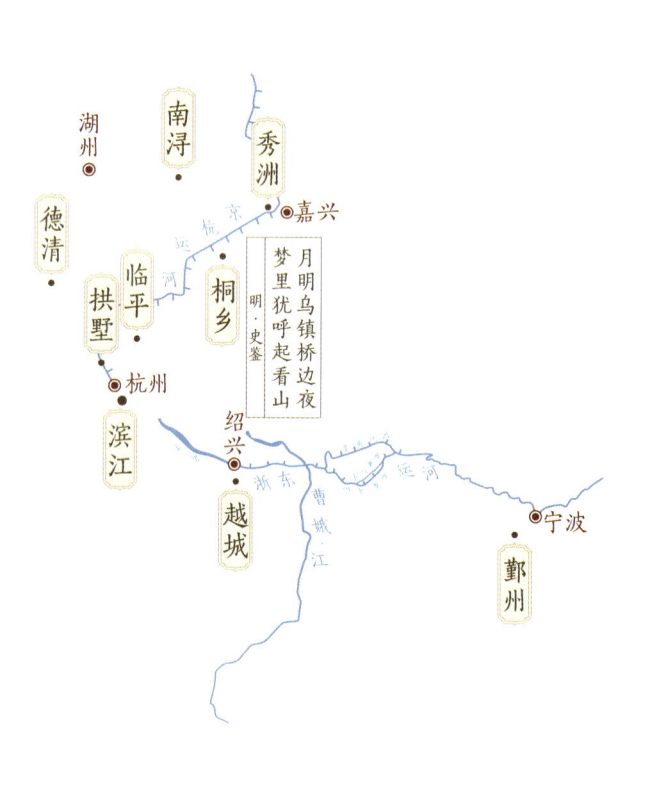

湖州
南浔
秀洲
嘉兴
德清
临平
桐乡
拱墅
杭州
滨江
绍兴
越城
宁波
鄞州

> 月明乌镇桥边夜
> 梦里犹呼起看山
>
> 明·史鉴

桐乡

月明乌镇桥边夜
未过就未曾离开

跟着詩詞游浙江
大运河诗路
Discover Zhejiang Through Poems

夜宿乌镇有怀同游诸君子

明 | 史鉴

两两归舟晚渡关,孤云倦鸟各飞还。
月明乌镇桥边夜,梦里犹呼起看山。

对于包括乌镇的江南古镇而言,有些美妙至极的场景是一直都在的,因为那不仅是一种风景和情绪,还是一种文化意象,甚至是文化的记忆和基因,不管是什么年代,总会在某个特定的时刻,抚慰着各个时代的人。比如月光下的乌镇,这一场景不仅曾让明代的史鉴为景所动,并写下"月明乌镇桥边夜,梦里犹呼起看山"的传神佳句,也让今天的很多游客感动不已。

【一】

作为京杭大运河上的一颗璀璨明珠，乌镇曾一度成为中国古镇旅游的代名词，哪怕是没去过乌镇的人，一想到乌镇，脑海也会浮现出"小桥流水人家"的画面。

乌镇打动游客的，不仅是"小桥流水人家"的水乡底蕴，乌镇戏剧节、茅盾文学周和世界互联网大会等品牌活动效应的加持，更让这个"老牌"古镇在全国古村古镇遍地开花的背景下，活力和吸引力依旧不减当年，并稳步从观光旅游向休闲度假、商务旅行和数字经济等方向转型。

2023年是乌镇戏剧节十周年，据说全网购票人数超过32万，特邀剧目单剧在3.9秒内售罄，反响之热烈可见一斑。

乌镇夜景

戏剧节时的乌镇

乌镇戏剧节不仅属于乌镇,更属于每一个剧迷——每年的戏剧节,对于剧迷来说,就像是一场约会,风雨无阻。

戏剧节期间的古镇,一改往日的宁静温柔,变得热闹非凡。即便没有抢到门票,依然有大量游客选择在这段时间来乌镇,因为整个古镇就是一个具有沉浸感的戏剧空间,上演着流动的嘉年华。走在石板路上,随处可见以西栅的木屋、石桥、巷陌甚至乌篷船为舞台上演的精彩演出。若与迎面走来的演员照面,游客还会被热情地邀请"入戏",人人都能在这里过一把戏瘾——人群熙熙攘攘,河流上舟来舟往,桥上的人看船上的戏,船上的人看街上的戏,街上的人看桥上的戏。

乌镇戏剧节嘉年华

　　此外，北栅丝厂和粮仓的戏剧市集还集结了来自全国各地的优秀手工艺者和非遗匠人，各种小吃和酒水饮料也让市集变得更加丰富，增添了游人的兴致；小镇图书馆免费向所有人开放，午夜时分如果还不想入睡，可以去听一听子夜朗读会；在乌镇中心的评书场，戏剧迷们可以与来自世界各国的剧场艺术家共聚一堂，进行一场酣畅淋漓的"小镇对话"。

　　用一位游客的话说就是："戏剧节里的乌镇不会给你感到无聊的机会，只有感受不完的新奇体验。"

【二】

乌镇戏剧节当然不只有户外露天的戏剧演出，除了乌镇大剧院等专门为戏剧建造的剧院，戏剧节其他许多剧场都是由乌镇的老建筑改造而来的。

比如，四间五进的沈家戏园就是由梁昭明太子的老师、尚书令沈约的后裔所建，园中设有亭台楼阁、天井、隔间等；由甲鱼塘改造而成的露天水剧场，周围树木掩映，明清古建筑环绕。2014 年，《青蛇》在水剧场上演，首演时乌镇飘着小雨，蒙蒙细雨和漾漾水影，给本就哀婉的剧情平添了几分凄美，观众们完全被带入其中而不觉衣带沾湿。

但天马行空的艺术创作者们怎会满足于既定的剧院场馆？ 2023 年，赖声川为乌镇戏剧节十周年量身定制的环境戏剧《长巷》的一部分舞台，就设置在当年拍摄电视剧《似水年华》的那条著名的洪昌弄中，巧妙地把巷弄 81.5 米的长度与人的寿命联系在一起。

观众被分为两拨，由两位向导带领他们从巷子的两端向中间聚拢，边走边介绍洪昌弄的历史。当大家以为这只是序幕时，一老一少两位向导在巷子中间相遇了，他们说着一样的导游词，互不让步。这时大家才明白，他们竟是同一个人的不同年龄段。原来，戏剧在进入长巷时就已经开始了。带着惊讶和感叹的观众们被领进沈家戏园，跟着幽默又富有哲思的对白，展开了一场关于时间、关于生命的讨论。

戏剧结束时已是夜深人静，最后一幕由观众完成，人们安静地依次走出长巷——这对应了戏剧中的那句台词："长巷只能自己一个人走。"

乌镇大剧院

人生又何尝不是如此呢？

【三】

到乌镇当一回西栅的"早茶客"，已经是很多游人的共识了。

当"早茶客"的前提有二：一要住在景区，二要早起。

清晨的乌镇又变回那个充满寻常烟火气的江南古镇。因为古镇中依然居住着大量的原住民，每逢集市，四乡八邻的居民们便会在清晨摇着船出来喝早茶，顺便赶个早市，把自家种的农产品带到集市上卖。

这样的习俗在当地延续了千百年，如今游客也参与其中——热气腾腾的蒸包、骨汤打底的馄饨、葱香阵阵的烧饼，正好满足了早

早茶客

在摇橹船上享用早餐

晨对碳水热量的需要。吃饱喝足后，路过本地居民摆的水果摊，再买上几个新鲜的橘子，感觉极好。

游客还可以选择在摇橹船上享用早餐，一边吃，一边渐渐驶离喧闹的水上集市，微风轻拂，耳边只剩下船桨推开水流的声音和时有时无的鸟鸣啁啾。

一些传统手工艺老店也早早开张了。宏源泰染坊的后院中，高高的竹竿晾晒着一匹匹深深浅浅的蓝印花布，随风舞动的画面相当梦幻和唯美。

蓝印花布印染技艺是桐乡一项非遗"国宝"，散发着经久不衰的独特魅力。明清时期，桐乡一度"凡有集镇必有染坊"，但是随着近现代色彩丰富且更快捷的化学印染的兴起，很多染坊不得不关闭。后来，随着现代人环保意识的增强，追求天然制品的风气渐盛，

宏源泰染坊

老祖宗的手艺又慢慢复兴。如今，来到宏源泰染坊，不仅能带回几件心仪的蓝印花布衣服、布包、帽子、手帕等，还能在染坊了解印染的步骤，体验亲自动手印染的乐趣。

西栅中诸如此类的涉及传统手工艺复兴的，还有叙昌酱园、钱利淮竹编、张恒兴灯笼等，这些都是乌镇及周边地区的人们在长期生产生活中积累的文化遗产，并正在以一种新的方式展现在游人的面前，用朴实但鲜活的方式讲述着这个江南水乡的人杰地灵。

每片水土有每片水土的灵性，就像宁波出宰相、绍兴出师爷、新市古镇出画家，乌镇则盛产文学家。

提到乌镇的文学基因，当然要说一说从乌镇走出去的茅盾先生。他的小说《子夜》是中国第一部具有现代长篇结构的小说，被誉为"中国第一部写实主义的成功的长篇小说"，体现了文学对时代的深刻关照。临终前，茅盾先生于病榻上依然对中国文学事业的繁荣念念

夕阳下的乌镇

不忘，后来依照其遗愿设立了茅盾文学奖。乌镇现在每年都会举办茅盾文学周，和乌镇戏剧节一样，已经成为新乌镇的重要组成部分。

木心先生则是新乌镇的另一个符号。

"风啊，水啊，一顶桥。"木心美术馆临水而立，里面收藏了从乌镇走出去的文学家、画家木心的作品。美术馆采用了极简、极克制的展陈方式，没有语音导览，没有高科技手段，参观者可以凝视一幅手稿良久，甚至可以站在走廊里静静感受光影的位移。

美术馆中有一间图书馆，收藏有木心先生的书和他喜欢的世界文豪的作品；馆内咖啡的命名也颇有诗意，如"歌剧""阿尔卑斯山的阳光"等。

"来过，就不曾离开。"木心美术馆是一个不着急、慢慢来的馆，是一个可以让艺术和文学走入内心的馆，就像乌镇一样。

木心美术馆

攻略

住 乌镇益大丝业会馆

地址：嘉兴市桐乡市乌镇丝作街88号

推荐理由：乌镇素有"丝绸之府"之称，此处是颇有名望的"益大丝号"在民国时期建立的丝业会馆，以前是蚕商们聚集在一起洽谈商务的场所。这家酒店闹中取静，是典型的中式江南庭院，随便一拍都很出片。

住 阿丽拉乌镇酒店

地址：嘉兴市桐乡市乌镇子夜东路939号

推荐理由：建筑以白色和灰色为主调，在天空、水面与杉树之间营造出一种对称的几何美，现代设计与江南水乡风情完美融合。

住 堤上度假酒店

地址：嘉兴市桐乡市乌镇堤上路1号

推荐理由：酒店位于景区最里面，散步到景区中心大概需要10分钟，主打一个闹中取静。大厅设计非常美，随便哪个地方拍照都很出片。

食 书生羊肉面

地址：嘉兴市桐乡市乌镇西栅大街216号

推荐理由：羊肉酥烂可口，面条爽滑筋道，据说隔好几条马路都能闻到浓郁的羊肉香气。推荐红烧羊肉面和书生羊肉面。

食 茅老太臭豆腐

地址：嘉兴市桐乡市乌镇西栅大街水市口1-3号

推荐理由：店面不大，位置却极好，店内任何位置都临水，景色非常美。坐在窗边，边吃臭豆腐边看河里游船驶过，也是很特别的体验。

🍴 吴妈馄饨

地址：嘉兴市桐乡市乌镇西栅大街425号

推荐理由：10多年的老店了，只做大馄饨，荠菜馅、猪肉馅、海鲜馅馄饨和加了小河虾的招牌馄饨，味道都很好，食材很新鲜。

🍴 滋啦啦油煎铺

地址：嘉兴市桐乡市乌镇西栅大街499号

推荐理由：古镇人最爱的小吃之一——萝卜丝饼。这家的萝卜丝够多够味，猪肉春卷也很推荐。

🍴 民国时代

地址：嘉兴市桐乡市乌镇水市口118号

推荐理由：餐厅为民国时期的建筑，有老上海石库门的风范，大门口还有一辆黄包车，主打民国范。服务员穿的是民国时期的学生装，连包厢都是用民国的名人命名的。做的是地道江浙菜，用新鲜的食材来保证菜品的原汁原味。推荐民国炒虾仁、香芋羹、桂花糕。

🍴 默默的家

地址：嘉兴市桐乡市乌镇西栅景区内秀水廊18号

推荐理由：这是西栅景区内的一家民宿，也有自己的餐厅，餐厅被黄磊、刘若英等明星推荐过。招牌菜乌镇鸡煲必点，秘制芋头、香干野菜也很推荐。

🍴 忆江南

地址：嘉兴市桐乡市乌镇隆源路445号（西栅景区东大门南10米）

推荐理由：天气好的时候，坐在二楼的露台非常舒服，景色也很美。推荐粽香东坡肉、手抓黑猪排。

🍴 桥里桥茶楼

地址： 嘉兴市桐乡市乌镇西栅大街515—517号

推荐理由： 曾被《中国国家地理》杂志评为"中国最美的茶楼"，一楼和二楼靠窗的位子非常出片。

🍴 早茶客

地址： 嘉兴市桐乡市乌镇西栅历史街区内

推荐理由： 西栅景区内的水上集市，每天早上7—9点可以在沿河早餐店里免费自取早点，算是一种自助餐的形式。早餐种类从吃到喝大约有十几种，尤其推荐煎饼果子、笋丁鲜肉烧卖、咸菜肉丝面。这里也是景区内的必打卡点之一，可以通过"乌镇旅游服务"小程序预约，每天有300个名额。

🍴 拂风阁

地址： 嘉兴市桐乡市乌镇西栅大街266号

推荐理由： 一家开在昭明书院内的书店，"拂风阁"三字由木心先生题写。这儿同时还是咖啡店，里面的文创很有意思。二楼很安静，适合看书。窗外两棵银杏，景色很美。

🍴 锦记糕点铺

地址： 嘉兴市桐乡市乌镇西栅大街320号

推荐理由： 定胜糕、乌米饭必点。红豆沙馅的定胜糕，用粉团裹上，再包一层糯米纸，一口咬下，甜得恰到好处。传统乌米饭，细腻软糯的乌米伴以桂花的清香，一个管饱。另外，创新的肉松味乌米饭也值得一试。

食 通济酱粽店

地址：嘉兴市桐乡市乌镇西栅大街383号

推荐理由：乌镇的"船头粽"头翘尾平，形似船，独特的外形与特色的口味让每一个尝过的人都魂牵梦萦。推荐东坡粽、红豆粽。

食 永平粉团铺

地址：嘉兴市桐乡市乌镇西栅大街497号

推荐理由：用糯米粉蒸制而成的方糕，根据口味，或做成桂花酱和松子仁馅的招牌桂花方糕，或做成分量十足的黑芝麻馅的五仁方糕，或做成肉质鲜美的鲜肉方糕。新鲜出炉的方糕晶莹剔透，四角分明，清香扑鼻，咬上一口糯而不黏、软而不塌。

玩 木心美术馆

地址：嘉兴市桐乡市乌镇西栅大街1508号

推荐理由：水上画廊一样的美术馆，覆满了线形压痕的水泥墙、百叶窗前的一瞬光影，能让人沉静下来。现任馆长是陈丹青。展馆陈列了木心生前的画作、手稿、诗文，还有列着钢琴的阶梯式图书馆和超适合发呆看风景的休息区。

玩 昭明书院

地址：嘉兴市桐乡市乌镇西栅大街常庆桥旁边

推荐理由：得名于曾在乌镇筑馆读书的南朝梁昭明太子萧统，为半回廊二层硬山式古建筑群。萧统组织编选的《昭明文选》是我国现存最早的一部诗文总集。在很长一段时间里，《昭明文选》是古代读书人案头必备的文学读本之一，影响深远。来这里可以感受一下古朴的书卷气息。书院内还设有"茅盾文学奖"展厅，展示了"茅盾文学奖"往年十届的获奖作品以及作者介绍。

玩　张恒兴花灯铺

地址：嘉兴市桐乡市乌镇西栅大街256号

推荐理由："走百桥，祛百病。"在乌镇，元宵佳节有提灯走桥的传统。人们自发结群，提着各色花灯走过数桥，祈求来年身体安康。在花灯铺，制作一盏自己的花灯，体验提灯走桥民俗，别有一番风味。挂满各色花灯的花灯铺也是古镇夜里最辉煌靓丽的一道风景。

玩　乌镇邮局

地址：嘉兴市桐乡市乌镇西栅大街500号

推荐理由：具有民国年代感的邮局，乌镇的著名打卡点之一。在这里可以给自己、给远方的朋友寄上一张来自乌镇的明信片。

玩　茅盾纪念堂

地址：嘉兴市桐乡市乌镇西栅景区灵水居内

推荐理由：通过文学之路和人生之路两条线索，展示了乌镇之子茅盾先生波澜壮阔的一生。展馆中陈列有先生的珍贵遗物。

玩　月老庙

地址：嘉兴市桐乡市乌镇西栅景区内

推荐理由：位于龙形田的西北角，是一处不大起眼的土庙建筑，一不留神就会错过入口。从树上、墙上挂的许愿牌可知人气很旺。

玩　乌将军庙

地址：嘉兴市桐乡市乌镇西栅景区庙西街东侧

推荐理由：茅盾先生在《可爱的故乡》中写道："我的家乡乌镇，历史悠久……镇上古迹之有唐代银杏，至今尚存。"乌将军庙内的古银杏树即茅盾先生笔下的那棵。

玩 桥里桥

地址：嘉兴市桐乡市乌镇西栅景区内

推荐理由：通济桥和仁济桥，一呈南北方向，一呈东西方向，两桥呈直角相邻，无论站在哪一座桥边，均可以透过桥洞看到另一座桥，如同井中观月，因而博得"桥里桥"的美称。"桥里桥"是乌镇最美的古桥风景。

玩 草木本色染坊

地址：嘉兴市桐乡市乌镇西栅景区内安渡坊18号

推荐理由：古老的染坊设备、传统的工艺流程，以及一匹匹蓝白相间的印花布，营造出浓厚的历史氛围。在这里可以亲身体验染布的乐趣。院子里巨大的晒布场让人非常震撼，拍照很出片。

玩 江南木雕馆

地址：嘉兴市桐乡市乌镇东大街420号

推荐理由：陈列的大多是民国前后江南一带民间保存至今的建筑木雕、家具木雕和雕塑作品，很值得一看。

玩 逢源双桥

地址：嘉兴市桐乡市乌镇东栅景区内

推荐理由：别具风味的古桥，因其上有一廊棚，所以也被称为廊桥。走一遍桥，需分走左右两半。站在逢源双桥上，可以眺望东市河远景。

玩 濮院时尚古镇

地址：嘉兴市桐乡市濮院镇濮川大街233号

推荐理由：古镇对老建筑修旧如旧，古朴典雅，水巷石桥、青砖黛瓦、亭台楼阁，一步一景。店铺与整体景观相融，商业化不严重，各种特色活动体验非常好。

🎭 水上戏台

地址：嘉兴市桐乡市乌镇西栅历史街区内

推荐理由：白天是早茶客的水上集市，下午及晚上就是当地花鼓戏表演的水上戏台。戏台临水而建，隔岸观戏，很有鲁迅笔下《社戏》的既视感。

🎭 张同仁老宅

地址：嘉兴市桐乡市乌镇南栅景区内

推荐理由：位于南栅幽巷之内，是以前乌镇上唯一的钱庄。乌镇曾经流传一句俗语，"徐东号的牌子，张同仁的银子"，可见银庄曾盛极一时。老宅里有乌镇唯一的一处砖雕门楼，甚为气派。

🎭 修真观

地址：嘉兴市桐乡市乌镇观前街41号

推荐理由：自古以来，修真观与苏州玄妙观、濮院翔云观并称为"江南三大道观"。道观内有一座背水临街、浮雕鎏金的古戏台，不论晴雨，或台下观众多少，台上花鼓戏每日都会上演，表演者的平均年龄已超过70岁。

玩 汇源当铺

地址：嘉兴市桐乡市乌镇常丰街168号

推荐理由：清末乌镇共有5家典当行，东栅葆昌当、南栅宝生当、西栅丰泰当、北栅淳泰当和中市汇源当。原汇源当铺于1939年毁于日军的轰炸。现在的汇源当铺按原貌修复，五开间的门面，分楼上楼下，四周为风火墙，典当柜台高1.8米，很是气派。

研 茅盾故居

地址：嘉兴市桐乡市乌镇观前街17号

推荐理由：是茅盾先生儿时居住的地方，至今书房边还生长着茅盾先生亲手种下的棕榈树。

研 余榴梁钱币馆

地址：嘉兴市桐乡市乌镇观前街20号

推荐理由：余榴梁是我国知名的钱币学家，出生于乌镇，是全国十佳收藏家之一，钱币馆里展示的是他的部分藏品。对钱币知识感兴趣的，推荐去看看，也很适合研学。

研 江南百床馆

地址：嘉兴市桐乡市乌镇东大街210号

推荐理由：是中国第一家专门收藏、展出江南古床的博物馆，里面的每一张床都有百年以上的历史。百床馆所在的建筑以前曾属于乌镇一户赵姓人家，共有七进。馆中的镇馆之宝是一张清代的拔步千工床。

研 宏源泰染坊

地址：嘉兴市桐乡市乌镇东大街294号

推荐理由：是一个始创于宋元时期的染坊，现已改造成为乌镇的一个旅游景点。在这里可以看到传统印染工序的全过程演示，也可以买一些蓝印花布的成品回家，非常适合研学。

乌镇 STEAM 青少年科创研学基地

地址：嘉兴市桐乡市乌镇环河东路2118号乌镇优屋美宿酒店东侧

推荐理由：是一所集科创研学、劳动教育、户外拓展、赛事赋能于一体的综合型青少年科普教育研学基地。基地围绕乌镇人文底蕴和互联网特色，设有RoboMaster机甲大师馆、智慧农业馆、人工智能编程馆、酷玩亲子工坊、创客3D打印馆、非遗草木染馆、激光切割智造馆、AI机器人馆、科创无人机馆等诸多科创主题的功能场馆，可以满足研学、竞赛、培训等多种需求。

桃李满园研学教育实践基地

地址：嘉兴市桐乡市梧桐街道桃园村

推荐理由：由桐乡桃园檇李文化有限公司推出的"江南茧画——桐乡'檇'艺桃园非遗小课堂"，分江南蚕桑文化与桃园村檇李历史文化溯源、檇李文化小百科、亲子互动、野火饭体验、江南茧画创作、作品展示等环节，既注重观察、体验和实践，又注重知识拓展、技能提高。

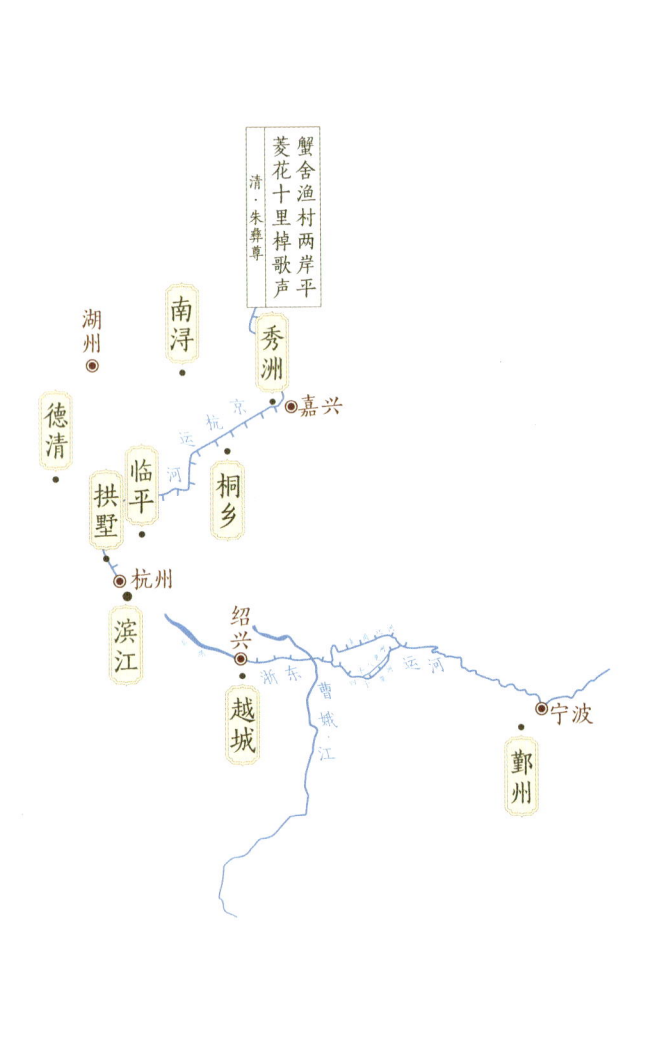

蟹舍漁村兩岸平
菱花十里棹歌聲
清·朱彝尊

南潯
湖州
秀洲
嘉興
德清
臨平
桐鄉
拱墅
杭州
濱江
紹興
越城
寧波
鄞州

京杭運河
浙東運河
曹娥江

秀洲

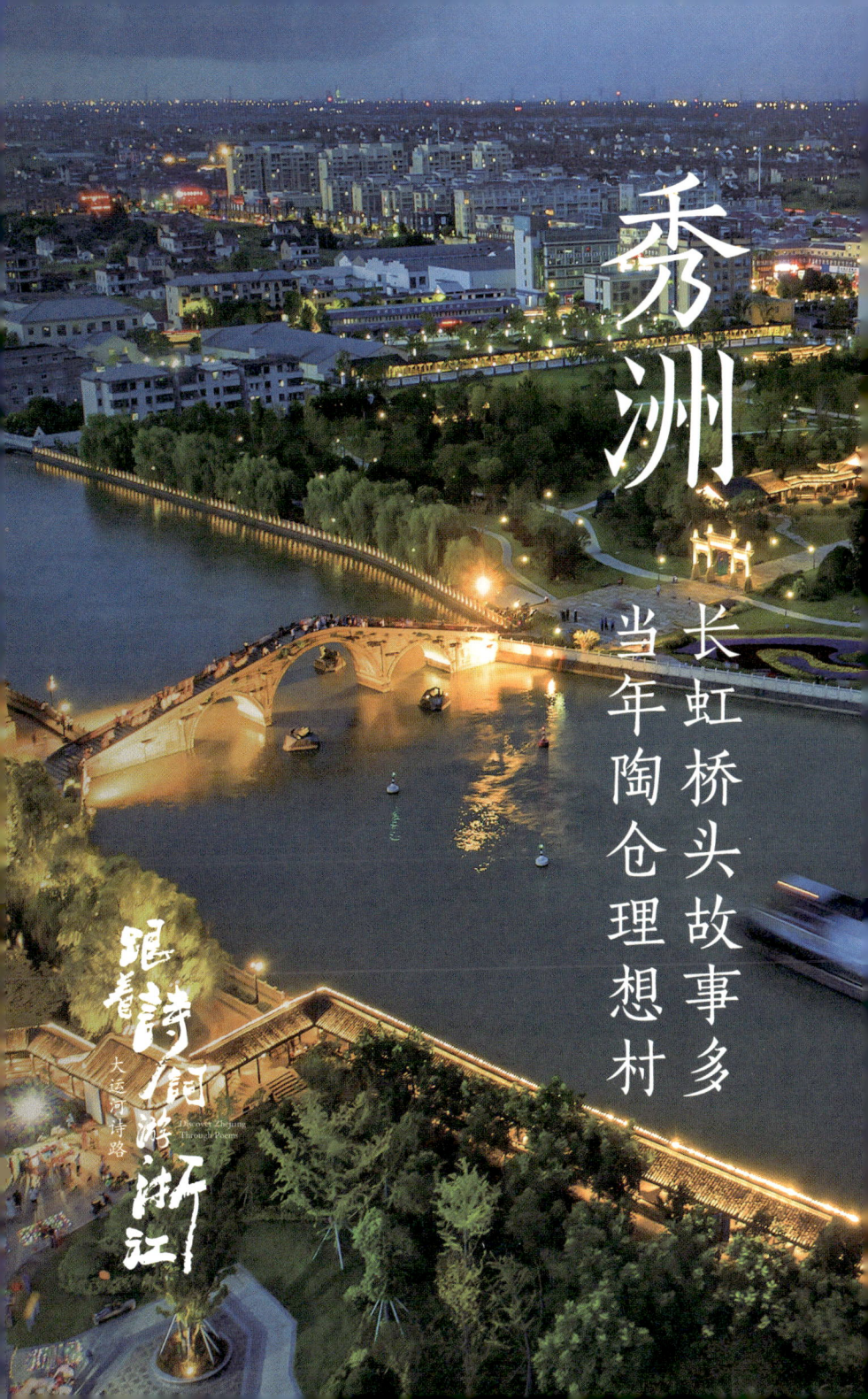

长虹桥头故事多
当年陶仓理想村

跟着诗词游浙江
大运河诗路
Discover Zhejiang Through Poems

鸳鸯湖棹歌（其一）

清 | 朱彝尊

蟹舍渔村两岸平，菱花十里棹歌声。
侬家放鹤洲前水，夜半真如塔火明。

自古词人爱咏物，运河两岸故事多。朱彝尊可以说是将嘉兴地区运河两岸的风物民俗全都装进了他所写下的百首棹歌中，不仅搜罗极博，而且旨趣幽深——记录了鸳鸯湖、孩儿桥、净相寺等百余处名胜古迹，严助、顾野王、顾况等数十位地方名人，南湖菱、汾湖蟹、剔墨纱灯、濮绸等地方名产，唱船歌、采菱花、踏白船、养蚕缫丝等地方习俗，已经快赶上一本嘉兴地方志了。而这，也成了我们今天了解位于运河边的嘉兴秀洲地区历史、人文、风物的直接材料。

【一】

"虹影卧澄波,登高供远瞩。南浮越水白,北接吴山绿。"这一关于秀洲长虹桥的描述,不仅表明了长虹桥特殊的地理位置以及背后的特殊意义和价值,而且,也将此桥的形与神恰如其分地传递了出来。

是的,秀洲以及嘉兴的运河故事和运河文化,与长虹桥是有着直接而密切的关系的。

从造型上看,横跨大运河上的长虹桥,形似长虹,不仅是嘉兴市最大的石拱桥,也是大运河上罕见的巨型三孔实腹石拱大桥,无论远观还是近看,都可谓气势宏伟,在千里运河之上,向来有着较高的知名度,颇具景观价值。

更重要的是,此桥也是千里大运河上重要的航运节点和地理节点之一,按历史记载的说法就是,往昔天气晴明时,登桥远眺,北之吴江盛泽、南之嘉兴北门外隐隐可见。也就是说,这里是大运河由江苏进入浙江的标志所在,也正因如此,在历史上,无论是商贾往来、百姓出行,还是文人畅游、官家通航,这里都被赋予了不一样的意义。有记载说,当年乾隆皇帝南下江南时,此处就曾被作为接驾处。

所以,在秀洲和嘉兴地区的老百姓心中,长虹桥自然也就有着非同寻常的地位,而且,无论是在古代还是在今天,对于当地老百姓而言,这里不仅事关景观和故事,还事关历史自信和文化自信。

事实也是如此。长虹桥于 1997 年 8 月被列为浙江省重点文物保护单位,2006 年被公布为全国重点文物保护单位。在 2014 年第 38 届世界遗产大会上,"秀洲大运河—长虹桥段"遗产点作为中国大运河项目内容之一，被成功列入《世界文化遗产名录》。这不仅意味着嘉兴首个世界文化遗产的诞生，也意味着秀洲首个世界文化遗产的诞生。

将时间再次拨回到运河航运依然兴隆的年代。当时，很多南下的船家见到长虹桥，便知已过江苏，抵达浙江境内。而入浙的第一站就是王江泾了。

据记载，因地处水陆交通要塞，两宋时起，王江泾已成为江南丝织业重镇，明代万历年间修建了长虹桥后，这里的繁荣再上一层楼。自此，长虹桥和王江泾开始成为秀洲乃至嘉兴地区在中国的经济地理和人文地理坐标中非常显著的两个标志。

清代画师顾梁在其《虹桥画舫图》中描绘了当年大运河畔、长虹桥两岸的盛况，真可谓"市列珠玑，户盈罗绮"。

不过，也正因如此——无论是地理便利还是经济繁华，在乱世中，王江泾也就成了兵家必争之地，成了中国历史上跌宕起伏、命途多舛的地理位置所在：明代被倭寇洗劫、焚烧；重建后到了清代，又成为清军与太平军交锋的战场，繁华的街道被夷为平地，无家可归的百姓只能将残砖剩瓦收集起来，沿街建成低矮的房屋；在抗日战争中，悲剧又一次在此上演，日军不仅在这里烧杀劫掠，甚至还建起碉堡监视当地百姓。如今走在王江泾一里街上，我们还能看到些由老砖垒砌而成的断壁残垣，宛如一道道伤疤，诉说着战争的残酷，而当年日军所建的碉堡依然被保留着，似在诉说着当年那段残酷的岁月。

【二】

运河时代已经过去，但留下的不只有记忆和传说，还有一些实实在在的建筑，其中就包括一个巨大的粮仓。

在王江泾镇莲泗荡风景区的西侧，有一座巨大的红砖建筑，明清时期，这里曾经是当地名门望族陶氏的住宅——所在地陶氏庄园。20世纪60年代，陶氏庄园被收归国有，主要的建筑被改建成粮仓，供当地粮站使用，后来粮仓破败，荒废了许久。近年来，当地依托粮仓历史和陶氏文化，将这里打造成了运河陶仓理想村——一个网红级的现代文旅项目。

被改造前的粮仓，是当时很新潮的仿苏联建筑，结构是混凝土的连续拱，顶部是少见的砖砌望板，连椽子都没有——这是从传统建筑到现代建筑过渡时期的典型建筑手法。这样说如果让你感到陌生或不好理解的话，那说它与赵州桥基本上是同一个造法，或许大

运河陶仓理想村

粮仓建筑内部

家就有概念了。

在改造这些老建筑时，建筑师们都心照不宣地选择了"遵从建筑领域的原始能量"，顺势而为，在不改变构造的前提下，增加了一些现代与艺术的成分，于是就有了我们现在看到的运河陶仓理想村。

外观上，别具特色的红砖构筑起一个视觉舒适度极高的几何建筑空间，两座粮仓之间立着丰碑式的麦穗墙——麦穗象征着这里的历史。两墙之间，还有一道可以让光透进来的缝隙。功能上，这里被定义为艺术中心，西粮仓用作商业展厅，东粮仓用作艺术展厅。

"以一块地，换一个理想。"陶仓吸引了很多有艺术理想、有创造力的人来此举办活动、相互交流，比如，这里举办过运河国潮生活节、非遗文化论坛、董小姐会客厅、"新陈代谢"艺术展等一系列文化艺术活动。陶仓的成功，不仅体现在对建筑的改造上，更体现在对现代文旅的运营上，以及背后所体现出的对理想、艺术、文化、历史等方面的传承和敬畏上。

两座粮仓以麦穗墙相连

或许在很多人眼里，这并不是一个非常"实用"的建筑，但传统理念中的"不实用"往往意味着艺术、文化与哲学的进步，代表着物质富足后对城市、历史、艺术以及生态等所进行的更深层次的探讨——一如这座老建筑的诞生、生长和被改变的轨迹，从提供遮风避雨的住宅到保障食物的粮仓再到如今的艺术展厅，从实用性建筑到精神性建筑。如果说以前这里承载的是生活，那么，现在这里承载的是理想。

是啊，无论在什么年代、什么地方，理想总是要有的，万一实现了呢！

> **攻略**

线 王江泾镇闻川水韵研学精品线

推荐理由：从浙江省AAA级景区村庄古塘村出发，首先参观非遗灶画。在长虹桥边，观千年古运河风光，感受运河水乡生态文明建设背后的红色力量；在苏嘉铁路遗址公园，再忆抗战峥嵘岁月；在城市文化客厅，重温地方红色印记。

线 菱珑湾非遗研学线

推荐理由：从菱珑湾乡村驿站出发，途经胜丰村文化礼堂（菱文化馆）、胜丰村文化礼堂（农民画馆）和民俗体验馆，在秀洲礼遇停歇，其中聚集了当地各类文创产品和农产品。接着继续前往胜丰糖糕馆、船匠工艺馆，体验非遗魅力。

食 阿隆煲店

地址：嘉兴市秀洲区常秀街178号

推荐理由：本地人常吃的店，推荐菜有臭豆腐煲、鸭爪煲、大肠煲。

食 汪杨菜馆（高照街道店）

地址：嘉兴市秀洲区高桥花园北

推荐理由：开了十多年的老店，性价比很高，推荐套肠砂锅、响铃、盐水鹅。

食 新塍小地方酒家

地址：嘉兴市秀洲区新塍镇新洛西路277号

推荐理由：位于新塍镇内的"诗画浙江·百县千碗"美食体验店。小地方的老板和大厨跟镇上的老前辈们讨教了不少"老底子"的新塍菜，目前已经集齐了八宝鸭、乃吾拆翅、蒸缸羊肉、冰糖河鳗等18道老"塍味"。

🍴 老王特色烧饼

地址：嘉兴市秀洲区新塍镇虹桥路与新洛东路交叉口旁

推荐理由：开了20多年的老店，网友推荐的上过央视的烧饼店，也是外地游客到新塍的旅游目的地之一。刚出炉的猪肉大饼伴随着热烈的香气，一口咬下去很酥脆，饼、猪油得到油条的加持，口感层次分明。据说他们家的猪油是每天花好几个小时自己炼出来的，比一般的猪油多了香味。

🍴 塍之味羊肉面馆

地址：嘉兴市秀洲区新塍镇蓬莱路760号

推荐理由：嘉兴人爱吃羊肉面，周边县市的人都知道，新塍的缸蒸羊肉名气特别大，多次被央视报道。羊肉炖得酥烂入味，入口即化，面条是口感偏硬的细面，典型的苏式面，将汤汁吸得饱饱的，十分优秀。除了羊肉面，食客们还熟练掌握了"鳝丝虾仁""爆鱼腰花""雪菜黑鱼"等各种特色落锅面，面条也成了游客了解一座城市风土人情的重要载体。

🍴 新旺记手工糕饼店

地址：嘉兴市秀洲区新塍镇虹桥路517号

推荐理由：新旺记有本地食客钟爱的"老底子味道"，主打纯手工制作，产品新鲜美味。这家店主营苏式净素月饼，用素油素馅制成的月饼仿佛多了一丝虔诚的意味。月饼个头不大，延续传统包裹在纸质包装里，"百果"和"莲蓉"两个口味的月饼能让你尝到甜蜜多巴胺。除了招牌的月饼，咸烧饼、大麻饼、绿豆糕也值得一尝，物美价廉，20元钱能买好几样。

🎡 长虹桥

地址：嘉兴市秀洲区长虹公园附近

推荐理由：嘉兴市现存最大的石拱桥。站在桥上，可以俯瞰运河两岸的风景。

玩 莲泗荡风景区

地址：嘉兴市秀洲区王江泾镇民主村南部

推荐理由：景区有湖泊、湿地、岛屿、桥梁等景观，还有刘公塔、刘王庙等景点，以及江南网船会这一历史文化遗产。

玩 能仁寺

地址：嘉兴市秀洲区蓬莱路816号

推荐理由：建于南朝梁天监二年（503），距今已有1500多年的历史。寺内保存有古银杏一林，树围6.4米，系嘉兴全市树龄最大的古树，被誉为"浙江省十大最美银杏树王"之一。

玩 秀洲图书馆

地址：嘉兴市秀洲区秀洲大道870号嘉兴市文化艺术中心二层

推荐理由：《庆余年 第二季》拍摄取景地，嘉兴最美图书馆，打卡超级出片。

玩 银杏天鹅湖景区

地址：嘉兴市秀洲区油车港镇正原路与环湖路交叉口

推荐理由：天鹅湖景区坐拥千亩湖体面积，引入3万棵银杏树，天鹅、梅花鹿等动物在此休息，环湖火车带你穿越银杏林间，银杏美术馆给你带来多元的艺术体验。江南水乡特色的民宿群落将重唤人们对生活的热爱。

住 嘉兴飞鸟集度假民宿

地址：嘉兴市秀洲区银杏天鹅湖景区内

推荐理由：位于银杏天鹅湖景区内，设计很有特色，随手一拍都很出片。游客可以乘坐民宿的电瓶车到达公园的任何地点。

住 蓝城·风荷度假酒店

地址：嘉兴市秀洲区王江泾镇虹桥东路489号1幢

推荐理由：酒店近湖畔，中式园林风格，小桥流水，鸟语花香。这里非常适合向往度假、养生、隐逸慢生活的旅客们。

住 嘉兴清池温泉酒店

地址：嘉兴市秀洲区新塍镇濮新公路新塍段916号

推荐理由：问渠那得清如许，为有源头活水来。清池温泉酒店设住宿区与温泉景区，温泉水源自地下2003米上古生界构造裂隙贮水。我们虽然不能穿越时光隧道，但入住酒店、沐浴温泉，也算是进行了一次穿越古今的奇妙体验。

研 牛花花小镇

地址：嘉兴市秀洲区王店镇红联村

推荐理由：小镇结合"万亩方"项目、奶牛场产业等，致力于推动农文牧旅融合发展，打造露营营地、儿童乐园、稻田游线小火车、龙虾垂钓园、水塔美化等，烘托出农牧结合的产业整体氛围，彰显了乡村区域独特魅力，开设了"自然与牛"牛知识百科课堂，创新了"喂一次牛""挤一次奶""制作牛奶酪"等体验业态。

研 米科军旅园

地址：嘉兴市秀洲区王店镇建林村

推荐理由：称得上是浙江省国防教育基地嘉兴国防科普文化馆的2.0升级版，致力于成为嘉兴及长三角地区的一处特色红色文旅胜地。游客可以在园区内体验全地形车、水陆两栖车、真人CS、射击、卡丁车等各类项目。另有汽摩基地，适合比赛、游乐，挑战自我。值得一提的是，园区内的嘉兴国防科普文化馆获评浙江省四星级乡村博物馆！

研 古塘村研学实践教育基地

地址： 嘉兴市秀洲区王江泾镇西部古塘村

推荐理由： 基地以"七彩古塘，江南灶画"为特色，将农业与观光旅游业深度融合，建有灶画文创中心、盘扣手工工作室、非遗商业街、土灶园、农耕记忆馆等，形成了汇集"食、画、艺、德、研、行、智"七大主题的研学活动，融合非遗技艺、红色文化、安全宣教、智慧乡村等多种元素的互动式研学实践，以及《行走·运河："七彩古塘"有味清欢》特色研学课程，赋能"七彩古塘"走向共同富裕。

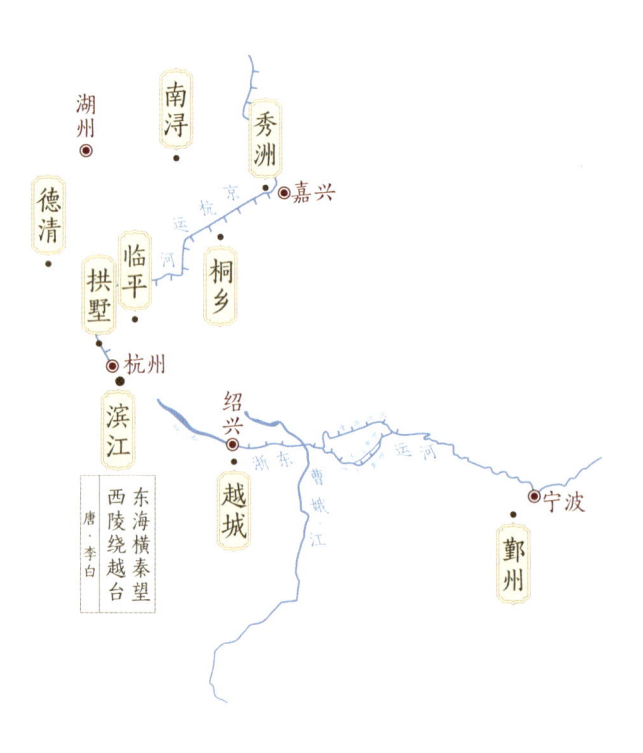

湖州
南浔
秀洲
嘉兴
德清
临平
桐乡
拱墅
杭州
滨江
绍兴
越城
宁波
鄞州

京杭运河
浙东运河
曹娥江

东海横秦望
西陵绕越台
唐·李白

滨江

烟波尽处一点白

应是西陵古驿台

跟看詩詞游浙江

送友人寻越中山水

唐 | 李白

闻道稽山去,偏宜谢客才。
千岩泉洒落,万壑树萦回。
东海横秦望,西陵绕越台。
湖清霜镜晓,涛白雪山来。
八月枚乘笔,三吴张翰杯。
此中多逸兴,早晚向天台。

李白诗中的西陵,作为浙东运河的起点,在历史上曾是非常著名的渡口,用现在的话说,绝对是一个地标性的存在;而且,不仅是地理地标,还是经济地标和文化地标,无数的商贸传奇、雅事风流曾在这里上演,也有很多的诗歌从这里生发。这里的人文历史甚至比西湖还要早,可上溯至春秋时期,越国大夫范蠡在此筑城拒吴,那时,这片区域还叫作固陵。

【一】

在高楼林立、繁荣现代的杭州市滨江区，有一处古朴安详的古镇静卧于水边，它便是西兴古镇，也就是唐诗中大名鼎鼎的西陵渡所在地。

大运河是南北走向，钱塘江是东西走向，但由于钱塘江水位较高，无法直接和大运河连通，所以位于连接处的西兴古镇就成了南北人员往来和东西货物贸易的重要渡口，繁忙和繁华成了其主要标签。

明万历年间的萧山县令王世显在《西兴茶亭碑记》中曾这样评价："西兴，浙东首地，宁绍台之襟喉，东南一都会也。士民络绎，舟车辐辏无虚日。"

当然，正如前面提到的，西陵渡和西陵驿不仅具有商贸性，还

杭州市滨江区

具有文化性,曾是让唐代诗人们魂牵梦绕的地方。他们沿着运河而来,然后自西陵启程,一路东行,一路吟咏,留下了大量的名篇佳作。他们之间的神交与来往,更是让这个古渡口和今天的西兴古镇成了一种文化符号,成了一个精神寄托,并在很多年后,成了洋洋洒洒、文藻遍地的"浙东唐诗之路"的一个元典性的存在。

当年,"一生好入名山游"的李白就是从西兴渡口出发,前往越中,奔向天台的。"东海横秦望,西陵绕越台。湖清霜镜晓,涛白雪山来"就是他抵达西陵时的第一印象。

"山水寻吴越,风尘厌洛京。"当年,四十岁仍未及第的孟浩然,在开始了云游生活后,也是渡江到西陵,再从西陵前往绍兴、新昌、建德等地,一路行走一路赋诗。"山藏伯禹穴,城压伍胥涛"出自他的《与杭州薛司户登樟亭楼作》,其中樟亭驿便是西陵驿。

西兴古镇

年轻时的杜甫壮游吴越时,选择在西陵下船经萧绍运河、鉴湖到越中以及新昌的天姥山。当饱经风霜的他又一次回忆起浙东,发出的感慨是:"商胡离别下扬州,忆上西陵故驿楼。为问淮南米贵贱,老夫乘兴欲东游。"依然带着故地重游的向往。

一段流传更广的佳话是关于白居易和其好友元稹的。当年,白居易任杭州刺史,他的同科好友元稹任越州刺史,两人诗歌唱和密集。在一次分别后,元稹写下《别后西陵晚眺》给白居易:"晚日未抛诗笔砚,夕阳空望郡楼台。与君后会知何日,不似潮头暮却回。"白居易则回诗一首《答微之泊西陵驿见寄》:"烟波尽处一点白,应是西陵古驿台。知在台边望不见,暮潮空送渡船回。"

尤其是那句"烟波尽处一点白",不知扰动了多少人的心绪,并让西陵驿和西陵渡口成了中国历史人文地理中一个显著的存在。

西兴古镇

直到今天，还有很多人专门奔赴此处，试图寻找和感受当年白居易看到和感受到的诗意到极致的景象。

【二】

除了历代文人雅士留下的文字，西兴厚重的历史人文，也有很大一部分是由商人和商业书写的。

西兴是交通枢纽与咽喉地带，因此在转运大量客商与货物的过程中，这里出现了一个特殊行当——过塘行。过塘行的特殊性在于，它既不售卖产品，也不收购产品，而是专门替过往客商转运货物——来自富饶的宁绍平原的稻米、食盐、海货等，在这里被交由对应的过塘行，再被转运至杭州市里，或沿钱塘江至桐庐、建德，或继续北上被送往上海；甚至从日本、中东和东南亚诸国运来的货物，在宁波港登陆后，也要沿内河经西兴被转运至各地。过塘行可以说是现代物流业的雏形。

"上船下船西陵渡，前纤后纤官道路。子夜人家寂静时，大叫一声靠塘去。"这首《西兴夜航船》可以说将当时西兴舟楫川流、车马奔驰的繁忙景象勾勒了出来，尤其是那气势如虹的"靠塘去"，透着百里行船劳顿后终于靠岸的喜悦！

曾经西陵渡客忙，和其他水路交通型古镇一样，随着交通工具的改变以及由此带来的水运没落，热闹了2000多年的西兴古镇也逐渐变得冷清。属于西兴最后的繁荣是在20世纪的四五十年代，随着仅存的几家过塘行实行社会主义改造，西兴古镇的这一支柱产业终于被淘汰。

过塘行消失后，周边的餐饮、茶肆、住宿等配套业态也经历了深刻的调整，官河旁的一些商铺变为了民居，使得西兴古镇成了宁静祥和的江南水乡，与滨江区现代化的公寓群以及城市整体形象形成了鲜明的对比——这也曾让很多人感叹，在以互联网为代表的现代经济如此发达的地区，保留了一个如此安静纯粹的古镇，真的非常难得。

当然，这种鲜明的对比也曾经让西兴古镇失去很多原生的发展动力，包括品牌商的落寞、原住民的搬离以及人气上的萧条。但西兴的历史和文化终究有其独特的韧性和精神，进入新的发展阶段后，终会迎来被唤醒的那一刻，这种鲜明的对比反而成了西兴古镇与其所在的现代化滨江区的一种独特魅力。

事实上，已经有一群人在尽其所能地让西兴活起来、火起来！就像河道旁一面白墙上写的一句话："因为运河，这里繁华一时。因为运河，这里迎来新生。"

【三】

从横跨官河的屋子桥走进西兴街，在一排陈旧的老屋中间，有一家原木清新风格的咖啡店，名字叫"猫草院子"。走进店里，有几只猫咪热情地相迎。

猫草院子是西兴古镇为数不多的几家咖啡店之一，因为装修风格独特，成了很多来到西兴古镇的人歇脚和发呆的地方。

咖啡店的主理人是个年轻的女生，大学学的是设计专业，刚毕业时来西兴古镇闲逛，这里给她的第一印象就是虽有些破败，却充满了生活气息，是一个非常适合一边办公一边生活的地方。于是她决定在这里开一家自己的工作室，组建了"猫草设计"团队，并把

西兴古镇

前院装修成对外营业的咖啡店。这家店既可以供自己的团队使用，也可以对外承接活动。至于店里经常出没的几只"猛兽"，都是他们救助的流浪猫。

如今，猫草院子的年轻人已经习惯了这里的工作和生活状态，和老一辈的原住民也成了朋友，并吸引了更多的年轻人来到这里。他们觉得，把工作室和咖啡店开在古镇里，就是在以自己的方式守护这座千年古镇，并有可能通过这种方式让古镇以新的形式活起来，很显然，"这是一件十分有意义的事情"。

千百年来，西兴接待了来自全国乃至全球各地的形形色色的人，也见到了来自全国乃至全球的各种各样的货，早就有了开阔的眼界，

猫草院子

咖啡店的咖啡

咖啡店里的主角

如今的杭州市滨江区展现出来的开放态度和前瞻眼光,在很大程度上是对这种历史文化传统的传承与赓续。当更多的人意识到这一点并开始行动起来的时候,曾经的西陵古渡和西兴古镇,也将会以全新的形态实现复兴,再现繁荣。

攻略

🏨 滨江 Pagoda 君亭设计酒店

地址：杭州市滨江区滨盛路2097号

推荐理由：酒店位置很好，就在江边，离滨江的景点都很近。设计风格是轻奢风，但也结合了杭州本地的元素。最赞的是180°江景房中有个软榻，客人可以窝在这里什么都不做，看着夕阳沉入江面，松弛感充满这方小天地。酒店露台的下午茶也非常棒。

🏨 杭州滨奥皇冠假日酒店

地址：杭州市滨江区科技馆街888号

推荐理由：位于钱塘江边，视野一流的老牌五星级酒店。有的房型是江景房。离沿江公园很近，步行即可到达。

🍴 西兴老街豆腐店

地址：杭州市滨江区西兴老街282号

推荐理由：三代人传承了70年，一直坚持纯手工制作，豆腐和臭豆腐都是招牌。

🍴 阿权家常菜

地址：杭州市滨江区西兴街道官河路33-2号

推荐理由：饭馆不大，门前就是古老的运河。性价比很高的一家夫妻店，老板就是厨师。店已经开了30多年，做的都是地道的西兴家常菜，推荐招牌葱爆肉、江鲈鱼、自家做的酱鸭。

🍴 小林面馆（西兴农副产品市场店）

地址：杭州市滨江区固陵路64号西兴农副产品市场

推荐理由：菜市场外的市井面馆，汤浓、面筋道、分量很足，备受好评。

🍴 阿金爹爹·财神饭店（长河老街店）

地址：杭州市滨江区长河街道泽街34-1号

推荐理由：主打创意菜，口感不错，比较推荐糯米饭。

🍴 田里·私房菜

地址：杭州市滨江区长河街道长江中路52号

推荐理由：环境像咖啡馆的农家私房菜馆，以浙菜系家常菜为主。

🍴 ARCHITECT 建筑师茶·酒·设计所

地址：杭州市滨江区滨文路29号

推荐理由：藏在江南水乡长河老街里的宝藏茶咖屋，由几位室内设计师共同打造。门面古色古香，凸显老街韵味。一楼是咖啡厅，二楼是设计师的工作室，门口还有一片空地，天气好的时候在户外坐非常舒服。

🍴 无羁派·咖啡烘焙坊（裹七房店）

地址：杭州市滨江区西兴街道官河路34号裹七房225号5栋

推荐理由：开在一片老房子里，主打田园放松。店里陈设比较有品位，一些小细节很有意思，如用瓦片做咖啡杯垫。

🍴 四莳雅集

地址：杭州市滨江区长河街道闻涛路2888号

推荐理由：既是书店，也是咖啡馆。坐在户外可以看到钱塘江，室内的陈设也非常有品位。

玩 西兴老街历史文化街区

地址：杭州市滨江区西兴社区铁岭关路铁岭花园旁

推荐理由：杭州市十大历史文化街区之一。老街不长，却是目前杭州城区保存最完整的老街。古色古香的青石板路，老式的剃头铺、木凳铺、茶馆，别有一番风情，展现了浓郁的江南韵味。历经风霜的墙壁、岁月蹉跎的石级、古朴的门廊画栋，会让人体会到只有这里才有的宁静和沧桑。

玩 古资福桥

地址：杭州市滨江区西兴街54号

推荐理由：建于明代，因桥西原来有座吴越古资福寺而得名。

玩 屋子桥

地址：杭州市滨江区西兴古镇（西北角）

推荐理由：站在屋子桥上可俯瞰两旁的民居。桥畔曾是商贾云集的交易场所，古桥如今静静地躺在小巷里，向人们诉说着过去的繁荣。

玩 西兴过塘行码头

地址：杭州市滨江区官河路105号附近

推荐理由：过塘行可以理解为中转站，可以转运茶叶、药材、牛、羊、猪、鱼秧等。清代鼎盛时，西兴曾有多达72家过塘行，老街上至今还残存着几家过塘行的招牌，足让人一窥当年的繁华忙碌。

玩 西兴市集

地址：杭州市滨江区囿陵路64号西兴农副产品市场附近

推荐理由：由西兴农贸市场改造而来，以"寻味老西兴，拾忆烟火梦"为概念，仿古的街市风格与随处可见的西兴古镇元素，让西兴市集与传统的农贸市场变得完全不一样。

玩 夜西兴美食街

地址： 杭州市滨江区西兴路65号

推荐理由： 汇聚了各类特色小吃，吴山烤鸡、云南过桥米线、缙云烧饼、正宗柳州螺蛳粉等都是热门美食。

玩 天官文创园

地址： 杭州市滨江区长江路与天官路交叉口西北80米

推荐理由： 由不锈钢厂老厂区改造而来，集餐饮、文创、音乐、户外用品店于一体的"新潮地"。

玩 中国动漫博物馆

地址： 杭州市滨江区白马湖路375号

推荐理由： 馆内设有"动漫你的遐想""动漫你的回忆""动漫你的今天""动漫你的未来"四大常设展区，介绍了角色扮演（cosplay），以及如何制作动画、配音等，参观者可以直接体验互动。还有动漫历史和童年回忆展。

玩 滨江区健康主题公园

地址： 杭州市滨江区江汉路闻涛路交叉口射潮广场

推荐理由： 沿江而建的公园。一条主路长约3公里，一侧是看不到尽头的钱塘江江景，一侧是繁华的都市商圈。跑步、散步、骑行都有各自颜色的专属道路，这里也很适合赏景、锻炼、遛娃。公园沿路种了很多银杏，秋天树叶变黄，景色非常美。

玩 926工匠公园

地址： 杭州市滨江区闻涛路南侧、钱塘江大桥东侧

推荐理由： 为纪念钱塘江大桥建成（1937年9月26日），杭州自2019年开始将每年的9月26日定为"926工匠日"，并在此建设了926工匠公车。建筑非常有特色。

玩 钱塘江大桥

地址：杭州市滨江区江南大道与闻涛路交叉口北侧

推荐理由：又名"钱江一桥"，由中国桥梁专家茅以升主持全部结构设计，是中国自行设计、建造的第一座双层铁路公路两用桥。1937年建成，通车三个月后为了阻止日军进攻，不得不炸毁。1947年，大桥修复通车，直至今日仍发挥着作用。在桥上可欣赏落日下的钱塘江，非常美。桥对面就是六和塔，热爱摄影的人会在六和塔上等待从大桥上通过的火车。推荐从桥上一路走或者骑行通过。

玩 长河老街历史文化街区

地址：杭州市滨江区长江中路23号正北方向171米

推荐理由：不大的一片街区，咖啡店和文创店遍布，也有挂着腊肠的老居民房，文艺气息和烟火气在这里交融。

玩 冠山寺

地址：杭州市滨江区长河冠山顶

推荐理由：又名"西隐庵"，始建于南宋时期，历来是江南游览胜地。寺内古木参天，松翠竹秀，山青水绿。

玩 钱塘湾艺术馆

地址：杭州市滨江区闻涛路银杏汇9号楼1—2层

推荐理由：位于中国美术学院旧址，纯白空间充满高级感。外厅巨大的穹顶就像翻涌的白色海浪，流动的光影线条此起彼伏。

玩 滨江工业遗址公园

地址：杭州市滨江区坚塔路

推荐理由：由原浙江省之江水泥厂改造而来，是兼具小清新和工业风的一个公园，拍照非常出片。

研 浙江中医药博物馆（新馆）

地址：杭州市滨江区浦沿街道滨文路548号浙江中医药大学行政楼内

推荐理由：该博物馆展陈了浙江省中医药光辉的发展历程，浓缩了中医中药文化精髓，传承了浙江省中医药深厚的人文精神。这座承载了中医药知识与文化的新殿堂，已成为学校传承和弘扬中医药文化的宣传教育基地。同时，这里也是浙江省的中医药文化宣传普及基地，一直对公众开放。

研 北京航空航天大学杭州创新研究院

地址：杭州市滨江区长河街道炬航弄99号

推荐理由：该院传承了北京航空航天大学"空天报国"的红色基因，依托北京航空航天大学雄厚的航空航天科技文化背景，面向浙江省中小学生开展科普讲解、科技体验、科普讲座、红色教育、户外活动、空天课程等广泛的研学活动，组织中小学生参与航空航天科学技术创意设计或工程实践，促进航空航天科学技术在青少年群体中的普及和推广，提高青少年综合科技素质，培育科技人才后备力量。围绕北京航空航天大学航空航天、信息技术两大优势学科群，推出了"空天少年""探月少年""少年机长""滨航六艺""宇航员训练"等主题研学项目。

研 浙江省地质博物馆

地址：杭州市萧山区金山路128号

推荐理由：2023年4月正式开馆，有四个展厅：一楼是地质历史厅，二楼是矿产资源厅，三楼是地质环境厅和海洋地质厅。每个展厅都有各自的特色，非常适合研学活动。

研 西兴过塘行码头专题陈列馆

地址：杭州市滨江区西兴街道古塘路35号

推荐理由："一座过塘行，半部西兴史"，想要了解西兴古镇的历史文化，这里是不二选择。馆内详细介绍了西兴历史沿革、浙东运河历史沿革、西兴过塘行码头历史沿革等，以及浙东唐诗之路的相关情况。

研 西兴美术馆

地址：杭州市滨江区西兴街道古塘路41号

推荐理由：由镇上民宅改建而成，入口并不显眼，里面的作品记录了古镇的变迁，有着浓浓的怀旧氛围。

研 中国杭州低碳科技馆

地址：杭州市滨江区江汉路1888号

推荐理由：它是全球第一家以低碳为主题的大型科技馆，是集低碳科技普及、绿色建筑展示、低碳学术交流和低碳信息传播等职能于一体的公益性科普教育机构，是公众特别是青少年了解低碳生活、低碳城市、低碳经济的"第二课堂"。

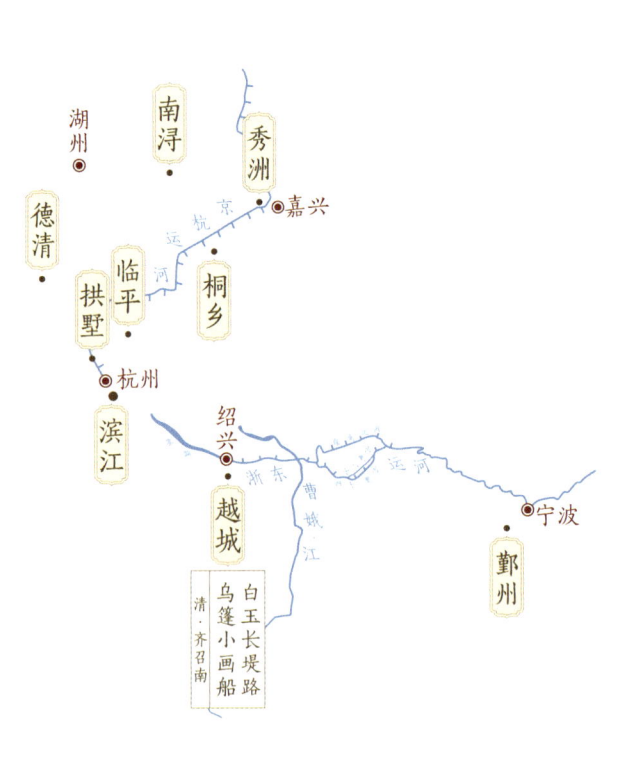

湖州
南浔
秀洲
嘉兴
德清
京杭运河
临平
桐乡
拱墅
杭州
滨江
绍兴
越城
浙东运河
曹娥江
宁波
鄞州

白玉长堤路
乌篷小画船
清·齐召南

越城

百桥千街水纵横
更有名士江南出

跟着诗词游浙江
大运河诗路
Discover Zhejiang Through Poems

山 阴

清 | 齐召南

镜中看竹树,人地总神仙。
白玉长堤路,乌篷小画船。
有山多抱墅,无水不连天。
朝暮分南北,风犹感昔贤。

大运河在绍兴,不仅是以一条河的形式存在着,更是通过当地既有的水网与整个城市完全融合在了一起,运河风情在包括绍兴古城的绍兴地区无处不在。不仅如此,当本地既有的生活场景、基础设施,与运河带来的新的生活场景、基础设施逐步融合,一些新的独特景观和意象就出现了,比如清代诗人齐召南在其《山阴》一诗中就提到了。

【一】

会稽山北,钱塘江、曹娥江和钱清江三江夹出了广袤而富庶的萧绍平原,平原多成因于圩田,又被本地人亲切地称为荷叶地。在错综复杂的荷叶地之间,有一条东西走向的人工运河,贯通了三条南北走向的大江,这便是已经被列入《世界文化遗产名录》的浙东古运河。

浙东古运河的前身是山阴故水道,最早可以追溯到2000多年前的春秋时期。当时,自吴返越的勾践开始了"十年生聚,十年教训"的卧薪尝胆,励精图治。就像现在的"要想富,先修路"一样,勾践下令开凿山阴故水道,疏通并加强了越国的粮食基地、冶金基地与都城之间的交通联系。

此后,经过多个朝代不断的修造扩建,最终形成了如今这条长239公里,西起钱塘江,流经萧山、绍兴,跨过曹娥江,向东汇入

古纤道(绍兴市文化广电旅游局 供图)

宁波甬江并入海的浙东大运河。

浙东大运河也是南北走向的京杭大运河的延伸，宋代时随着政治中心和经济重心的南移，浙东运河的重要性更加凸显。海上丝绸之路兴起后，浙东运河开始在陆海统筹的国家战略中扮演重要角色，发挥重要作用，从而丰富了自身包括文旅价值的多元价值。

无论是古代还是今天，到绍兴地区旅游，只要沿着浙东运河走，人们便可游览大部分著名的自然、历史与人文景点，比如位于绍兴市越城区的东湖风景区。

东湖在绍兴古城东约六公里处，因崖壁、岩洞、石桥、湖面的巧妙结合，被誉为中国最著名的山水大盆景，是浙江省三大名湖之一。无论是在历史上，还是在今天，东湖都吸引了无数名人到访，并留下了很多故事和文字记录。当年郭沫若游罢东湖深有感触，于是赋

东湖（绍兴市文化广电旅游局 供图）

诗一首:"箬篑东湖,凿自人工。壁立千尺,路隘难通。大舟入洞,坐井观空。勿谓湖小,天在其中。"

运河穿过箬篑山北麓,紧贴东湖石宕遗址。石宕的历史和山阴故水道以及古城一样悠久,而且可以说,是石宕的石头构筑起古城的骨架,石桥、石板路、园林、纤道……无不带有石宕的印记。

因采石作业而由人工雕凿成的陡壁深潭,在数千年风雨侵蚀下,留下深深浅浅的黑色印记,远望仿佛一幅下笔铿锵有力、如铁画银钩的水墨丹青。乘着乌篷船近看,则更为震撼。著名的陶公洞最窄处仅能容纳一船,几乎要贴于石壁上,仰望有排山倒海之势。两侧石壁对峙如门,仅留一线天光,也隔绝了外界的声音,人们只能听见摇橹船桨拍打水面的声音,以及从岩缝中滴落的水滴不断落在水中的叮咚声响,甚是解忧。

东湖(绍兴市文化广电旅游局 供图)

东湖（绍兴市文化广电旅游局 供图）

东湖（绍兴市文化广电旅游局　供图）

八字桥

【二】

  与东湖不同，运河与绍兴古城相遇后，则呈现"三山万户巷盘曲，百桥千街水纵横"的面貌——运河和古桥相生相依，700多座各色古桥连接起阡陌巷道，五步一登，十步一跨，古城就像一座没有围墙的桥梁博物馆，绍兴也因此获得了"桥乡"的称谓。

  其中，最具代表性的便是八字桥了。八字桥始建于南宋，筑于三河交汇处，设计巧妙，一桥兼跨三河，与三条道路衔接。远看桥体，桥两端的落坡组成了两个"八"字，故名"八字桥"。八字桥是中国最早的立交桥。

  无桥不成村，无桥不成市，桥梁周围总聚集着民居，并延伸出街区。八字桥直街、仓桥直街和西小河街区等，都曾经是绍兴古城

仓桥直街

百姓聚居的地方，如今也演变成了集商业、休闲和居住于一体的热闹街区，并成了热门的旅游景点。在这里，人们不仅可以看传统民居，还可以找一家咖啡馆安静地享受一段独处的时光。

在河湖如网、陆地似萍的绍兴游览古城民居，自然少不了乌篷船。在现代路上交通兴起之前，船是江南水乡居民日常生活中再熟悉不过的交通与运输工具，而且每个地方的船有每个地方的特色。

具有绍兴特色的一种船就是乌篷摇橹船，至今在绍兴古城河道上依然常见。此船体积小巧，因船上装有黑色竹篷而得名。

乌篷船在河面上摇摇晃晃，船夫戴着绍兴独有的乌毡帽，双手双脚并用，娴熟地摇着橹。于是，水乡的风景扑面而来，又飞速退到身后。偶尔与河边浣衣汲水的居民擦肩而过，彼此还会相视一笑，船夫也会和岸上走着的或坐着晒太阳的熟人打招呼，岸上的人哪怕不懂吴语,也能听得出亲切感。

【三】

绍兴古城还有一个特点——名人故居多。这里走出了很多深刻影响时代变革、国家命运以及历史进程的名人志士,古有王羲之、陆游、王阳明、张岱、徐渭等,近现代有鲁迅、蔡元培、秋瑾、周恩来等,可谓名副其实的"名士之乡""士比鲫鱼多"。

如今,这些名人故居大多成了游客的必游之地。

在绍兴,名人故居不只是一栋栋静态的建筑和一系列图文资料的展示或说教;故居之外,有着更丰富的场景设计、价值叙事以及生活体验等。比如,在这里人们可以体验鲁迅的童年生活——在鲁迅故里品尝黄酒奶茶、绍兴臭豆腐,在鲁镇感受鲁迅文学中的世界;可以在逛完沈园后看一出越剧——《沈园之夜》,更加直观和直接地体会当年陆游与唐婉泣血的爱情悲剧;还可以在书圣故里乘坐摇橹船,将独特而传统的水乡风情尽收眼底……

绍兴的名人故居大多相距不远,在古城里漫步,可能不经意间一抬头就看到一处。对于当地居民来说,这也是一种神奇的体验。

纪录片《文脉春秋》中有一段采访绍兴古城居民的片段,这位居民自豪地讲道:"去杭州上学,第一天到宿舍报到,互相介绍自己的家乡时,我没说我来自哪个城市,只说我家距鲁迅家两百米,距周恩来家一百五十米,距蔡元培家三百米,距徐渭家四百米,我们家门口有一座桥,宋朝的,我上了桥,摸了一块桥栏的石板,可能是陆游当年摸过的。"

或许只有生活在绍兴古城这个千年城址不变、文脉未断的地方

越城 | 有桥千街水纵横 更有名士江南出　163

鲁迅故里

沈园中的《钗头凤》

的人，才能以这样独特的方式介绍自己的家乡吧！谁让人家家在绍兴呢？而且还是在绍兴古城里！

八字桥直街

攻略

住 花筑·幽兰别院

地址：绍兴市越城区仓桥直街218号

推荐理由：传统江南民居的陈设，临河的房间风景特别好，可以看到乌篷船划过。

住 绍兴饭店

地址：绍兴市越城区环山路8号

推荐理由：园林式酒店，古色古香，闹中取静。位置很优越，去景点很方便。

食 孔乙己酒家

地址：绍兴市越城区仓桥直街112号

推荐理由：坐落在仓桥直街，是一家古色古香的小酒馆，走进店内就好像走进了鲁迅先生笔下的世界。主打绍兴特色菜，其中的黄酒布丁口感绵密，醉蟹也值得一尝。

食 咸亨酒店（鲁迅中路店）

地址：绍兴市越城区鲁迅中路179号

推荐理由：老字号餐厅，就在鲁迅故里旁，逛完鲁迅故里的人们正好可以品尝一下鲁迅笔下孔乙己必点的茴香豆、越菜之首绍三鲜和绍兴人午饭好搭档蒸双臭。其他越菜也基本不会踩雷。

食 三味臭豆腐（鲁迅故里店）

地址：绍兴市越城区塔山街道新建南路538号

推荐理由：和湖南的臭豆腐不同，绍兴的臭豆腐不是黑色的，而是白色的。外皮金黄酥脆，内里香臭绵软，配上店家特制的小料，一口下去回味无穷。

食 寻宝记绍兴菜（鲁迅路店）

地址：绍兴市越城区鲁迅中路5号

推荐理由：绍兴老字号，以醉系列为代表的黄酒醉风味菜最为出色。据说寻宝记用的黄酒是自主研发、改进工艺后自酿的十年花雕。必点醉蟹。

食 古越龙山酒楼（下大路店）

地址：绍兴市越城区下大路557号

推荐理由：古越龙山是著名的黄酒品牌，酒楼的装修也很有酒厂的特色。可以尝试一下各种黄酒，醉系列的菜品非常值得一试。

研 鲁迅故里

地址：绍兴市越城区鲁迅中路241号

推荐理由：来绍兴必去的景点，不仅能看到语文课本里的百草园、三味书屋，还可以通过鲁迅纪念馆里鲁迅与友人、家人的一封封书信了解他不同的一面。时间赶得巧的话，还可以在故居看到越剧表演。这里也是很多学校组织研学时必来的地方。

研 阳明故里

地址：绍兴市越城区上大路北海小学（新河弄校区）西北侧约70米

推荐理由：目前唯一的通过考古发掘明确的王阳明宅邸遗址，是王阳明在父亲所建状元府第的基础上扩建的，透过玻璃栈道还能清晰地看到考古遗址。

研 书圣故里

地址：绍兴市越城区戟山街62号

推荐理由：蔡元培和王羲之的故居，位于戟山南麓的大片古民居之中，是绍兴市区历史风貌保存最完整的区域。

研 徐渭艺术馆

地址：绍兴市越城区后观巷32号

推荐理由：由绍兴机床厂的废旧厂房改建而成，设计师借鉴徐渭《山水图》，建筑如写意画般矗立地面，兼具传统艺术与现代艺术之美。

研 黄酒小镇

地址：绍兴市越城区锡麟路37号

推荐理由：充满生活气息的小镇，还有很多老人在镇子里生活。傍河而筑的民居、一间间老店、沿河又低又宽的石凳，坐下来可以安静地放空一个下午。对黄酒历史感兴趣的人不可错过黄酒博物馆，黄酒博物馆还会举办研学活动。

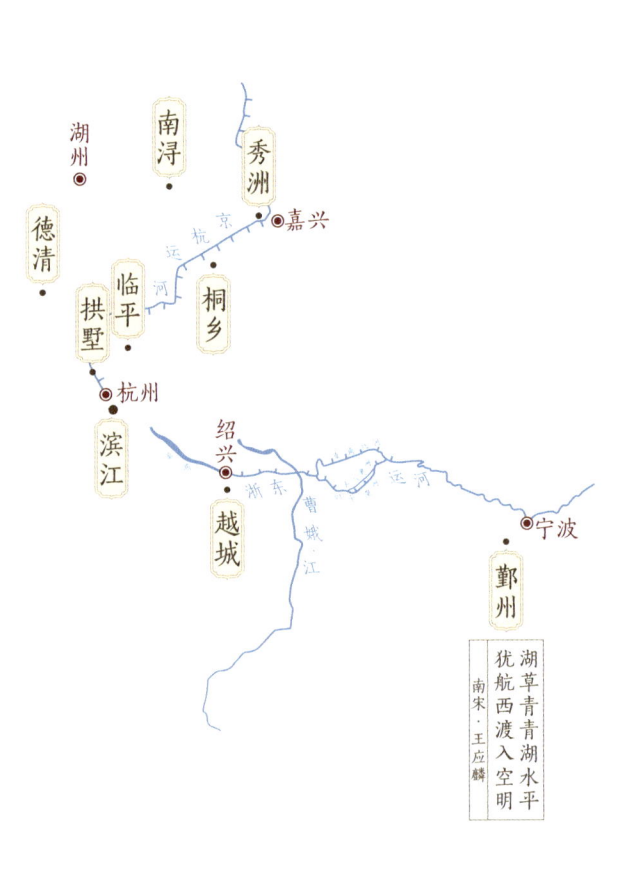

湖州
南浔
秀洲
嘉兴
德清
临平
拱墅
桐乡
杭州
滨江
绍兴
越城
宁波
鄞州

湖草青青湖水平
犹航西渡入空明
南宋·王应麟

鄞州

江南诗书清丽地
运河到此入海流

跟着诗词游浙江
大运河诗路
Discover Zhejiang Through Poems

东钱湖

南宋 | 王应麟

湖草青青湖水平,犹航西渡入空明。
月波夜静银浮镜,霞屿春深锦作屏。
丞相祠前惟古柏,读书台上但啼莺。
年年谢豹花开日,犹有游人作伴行。

宁波的很多城市故事都是围绕大海、河流和湖泊展开的,诗中所说湖泊便是位于宁波市鄞州区的东钱湖。东钱湖作为浙江最大的天然淡水湖,与西湖一样,生发于一系列水利工程,并繁盛于历史人文的传承,曾被无数诗人吟咏,还生动地说明一个道理:如果说拥有一条河对一个城市而言是必需的,那么,拥有一个湖对一个城市而言则是幸运的。

【一】

在讲述东钱湖的故事之前,我们要先讲一讲宁波的故事,以及宁波最重要的文脉之一——天一阁的故事,而要讲清楚宁波和天一阁的故事,就不得不讲一讲宁波与大运河的故事。

宁波可以说是因河而生,因港而兴。姚江、奉化江交汇后形成甬江出海,其交汇点就是著名的"三江口",浙东运河穿过富庶的宁绍平原,便是在这里与东海相遇的。

真正了解大运河的人都知道,我国大运河申遗的主体其实分为三部分,其中之一便是浙东运河,而大运河真正的起点其实就在浙东运河的末端——宁波的三江口,这里也是中国大运河连接"海上丝绸之路"的空间交点,因此具备了入选《世界文化遗产名录》的关键内涵之一——通江达海。丹尼尔·笛福在《鲁滨孙二次漂流记》

宁波市区夜景

月湖

中也提到，宁波是通往京城运河的起点，并将宁波诗意地描述为"大海与江河相遇的地方"。

作为大运河南端的唯一入海口，宁波港在唐宋时便已非常繁忙，帆樯林立，大舶参天，各国使节和商人的身影不绝如缕，海外货物由此登陆，换乘内河船，进入运河，被运往内陆腹地；国内货物也通过运河汇集到宁波港，被销往海外。正如唐代明州知州李吉甫所说："凡东南郡邑，无水不通。故天下货利，舟楫居多。"

近代宁波在对外开放上也是领先的。作为"五口通商"中最早的对外开放埠区，宁波"外滩"其实早于上海外滩，海关、教堂、银行、邮局、商号与洋房云集，粉墙黛瓦的民居亦穿插其中，形成了独属于宁波的老外滩风景——既是海洋的，又是内陆的；既是江南的，又是世界的；既是白天的，也是夜晚的；既是物质的，也是文化的。

夕阳下的东钱湖

宁波的文化昌盛与杭州是有一定关系的。

宋室南渡除了让杭州在政治与文化上快速崛起，也让杭州周边的城市迎来了历史性的高光时刻。就像津冀拱卫首都北京一样，南宋时期，离杭州不远的宁波无论是战略地位还是文化影响力，都大大提升。"满朝朱衣贵，尽是四明人"是当时宁波的真实写照之一。

仓廪实而知礼节，物质盛而兴文化。运河通畅和万国来往带来的富庶，为宁波崇文重教提供了坚实的物质基础，刻书、印书、藏书风气盛行，天一阁在偶然中必然出现了。

【二】

作为现存最古老的私家藏书楼，天一阁早就蜚声中外。

天一阁建于明嘉靖年间，由兵部右侍郎范钦在退隐后主持建造。据说范钦是一位重度藏书爱好者，并且所藏之书都比较冷门——当时的藏书家大多选择收藏古代书籍，而范钦则放眼未来，明朝当代的地方志、科举录等，他都找人一一抄录，运往天一阁。其原因是，这座藏书楼是范钦的百年宏愿，在其看来，当代的书籍在传承百年后也将成为珍贵的古籍。

历史证明他是正确的。当乾隆帝决定纂修《四库全书》而面向社会征集古籍时，范钦所藏书籍的价值就显现了出来——天一阁进呈珍贵古籍600余种，其中有96种被收入《四库全书》。为此天一阁受到乾隆皇帝的重点褒奖和赏赐，他授意新的藏书楼都要仿照天一阁的格局建造。

不过，对于很多人而言，走进天一阁景区时，最直观的感受可

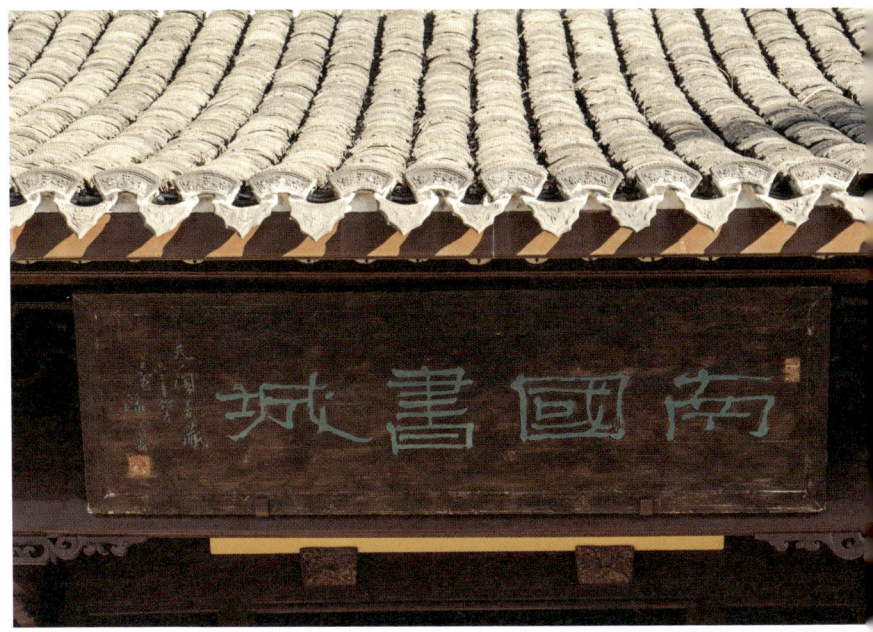

郑州 | 江南诗书荟萃地 运河到此入海洋　175

南國書城

天一阁

范钦像

天一阁园林

能是：这里就是一座精巧的江南式园林啊！明池、假山、长廊、亭台，处处彰显庭院主人的品位。

值得一提的是，古韵幽雅的庭院中，有四座呆萌的石兽，和门口精雕细琢、威风凛凛的石狮相比，它们略显潦草。据说这些石兽是用来装饰庭院的，代表了喜、怒、哀、乐四种心情。但是看到它们的模样，人们实在感受不到怒与哀，只剩喜和乐了！

天一阁毕竟是天一阁，总是可以消除很多人对藏书行为的疑惑甚至是误解——为何一个藏书楼在中国历史上（且不仅仅是文化史）竟有如此高的地位？藏书不就是把一些书收集到一起存放起来吗？

当你走进这座历经 400 多年依然保存完好的古建群，看到范钦围绕建筑构造、风水讲究、防火防潮、森严家规和继承延续等方面

天一阁园林中的石像

天一阁藏书

所做的努力，你就会意识到，原来书籍是如此脆弱，权力、战争、盗窃、火灾、洪水、虫蠹等都可以轻易地将书籍摧毁，而且是不可逆的。

再进一步想象一下，中华文明的传承也依托于这样脆弱的载体，被战战兢兢地保护着。虽然官府在其中发挥了中坚力量，但考虑到历史上因权力更迭而造成的对文献史料的破坏，确实也需要像范钦这样的民间力量的加入；更难能可贵的是，他们还能将此意志代代传承下去——时至今日，在范氏家族世代的守护下，天一阁没有发生过一场火灾，它挨过了战乱和动荡，艰难保存了1.3万多卷藏书，再加上社会募捐所得，共计30万卷书籍被安放在今天的天一阁博物院，深刻影响着宁波的书香城市建设，甚至是书香江南和书香中国

城市书房

的建设。

【三】

藏书文化已经成为宁波城市文化的名片,在包括鄞州区的宁波的大街小巷,时不时就能看到图书馆、书亭,甚至流动书箱。尤其是东钱湖边利民村的一家图书馆,非常值得一去——在那里,你会看到一个不一样的东钱湖。

图书馆就藏在东钱湖畔的老民居里,门头非常隐蔽,如果不是那一抹亮眼的绿色招牌,游人可能根本不会注意到它。

图书馆馆长姓曹,一头银发梳得利落又时髦,穿着红色卫衣,

东钱湖

鄞州 | 江南诗书清丽地 运河到此入海流

冰淇淋店

利民村的许久图书馆

做咖啡的曹馆长

围着黑色的围裙,娴熟地做着手冲咖啡,这样的反差感让人顿觉眼前一亮。

曹馆长的另一个身份是图书馆所在老民居的房东。

图书馆的主理人陆琴是一位室内设计师,也是一位年轻的妈妈,几年前来宁波旅行时,发现了这座东钱湖边宁静的小村子,被这里碧波荡漾的湖水、与世无争的环境所吸引,便将工作室和家都搬了过来,成了这里的新村民,并给自己的工作室起名叫 DQ Lake&Life。

她先是租下了一间二层的小楼,自己设计和装修后将其用于日常办公和居住。在与团队做好本职的设计工作外,陆琴还积极投身于公益活动,曾帮助音乐学院的学生在东钱湖畔办了场公益音乐会;

图书馆的窗景

图书馆的儿童画室

还会组织一些知识性讲座。再后来,她租下了离工作室不远的曹先生的老房子,将这里改造成了公益图书馆。

曹馆长说,在认识陆琴前,他也见过很多想要租房的人,有想做餐厅的,有想做民宿的,但都被他拒绝了。当陆琴提出要开办公益图书馆的想法时,他欣然答应,并接受陆琴的邀请成了图书馆馆长。

图书馆整体的设计理念是简单、环保,保留老房子的肌理,不做过多的装饰,使用的家具也都是回收可再利用的木料和瓦片,一扇窗正对着东钱湖,窗外远山黛,近水青,绿树、浮萍摇曳,好似一幅挂在墙上的风景油画。

图书馆的藏书以儿童绘本为主,陆琴的想法是,景区里的咖啡店和茶馆都是给大人开设的,小孩子会觉得无聊,而图书馆在给大

书架上的书以儿童绘本为主

人们提供一个歇脚聊天的场所的同时，也能让孩子们收获知识、收获快乐——隔壁房间摆着很多画架，那是让孩子们随意发挥想象涂鸦的地方。

"怀生活理想，过理想生活。"陆琴说，这是她的人生信条，现在在东钱湖实现了。

她还说，没有政府牵头，没有统一规划，喜爱这片湖水并自发成为"新村民"的人越来越多，和原住民也相处得很和谐，利民村逐渐形成了新的文化氛围。这里也是宁波本地人休闲散心的好去处，一个小桌板，几把露营椅，坐在湖边，一待就是一下午，直到湖面被落日洒上金黄。

东钱湖吸引了众多年轻人

东钱湖

攻略

住 臻庭酒店（天一广场老外滩店）
地址：宁波市海曙区药行街6号
推荐理由：设计自然清新，位置很好，就在市中心，步行5分钟到天一广场，非常方便。服务很暖心。

住 棠辰公馆
地址：宁波市江北区外马路459号
推荐理由：位于宁波老外滩，真正的百年老洋房，将欧式浪漫和民国风情完美融合。

住 钱湖国宾馆
地址：宁波市鄞州区东钱湖旅游度假区沙山路288号
推荐理由：老牌国宾馆，位于东钱湖畔，景色绝美。

住 一尺花园（徐东卿故居店）
地址：宁波市江北区慈城镇民权路118号
推荐理由：满满的泰国清迈度假酒店之感。酒店在保留老建筑独有风格的同时，将周边环境融入设计装饰中。庭院正中有棵百年大榕树，拍照很出片。

食 莲桥第国医堂·行街茶饮
地址：宁波市海曙区开明街28号（近解放南路与大沙泥街交叉口）
推荐理由：国医堂里的小茶馆，人少、性价比高。闻着中药香，听着鸟叫声，安静地晒太阳，可以放空一下午。

🍴 曦禾时年（莲桥第店）

地址：宁波市海曙区毛衙街15号

推荐理由：开在中式庭院里的茶馆，可以看到天封塔。蛋糕、咖啡都不会踩雷，随手一拍就是大片。

🍴 礼帽咖啡

地址：宁波市东钱湖旅游度假区群贤路7号宁波院士中心访客中心

推荐理由：一个超有氛围感的咖啡店，坐拥湖景风光。LOGO很有意思，结合了院士帽和礼帽的造型，帽子侧边垂下来的流苏上还挂了颗咖啡豆。推荐斑斓生椰拿铁。

🍴 甬上名灶（翠柏店）

地址：宁波市海曙区体育场路43号

推荐理由：来宁波必打卡的宁波菜餐厅。推荐蟹骨酱，蟹肉蟹壳原汁原味，汤汁鲜美，拌饭绝配，很惊艳；鲍汁冰山味皇主打一个新鲜感，吃起来像豆腐，但是又有炖蛋香味，很神奇。

🍴 老芳斋·宁波海鲜面

地址：宁波市海曙区老实巷32号（地铁鼓楼站J口往南30米）

推荐理由：店铺虽小，但干净。汤底很正宗，要想再加料可以现点，真材实料看得见。

🍴 象山小白象海鲜面

地址：宁波市江北区丽江东路7号

推荐理由：宁波市江北区排名第一的面馆，共上下两层，二楼比较宽敞。可以任选海鲜、肉和蔬菜，海鲜汤很鲜、很浓郁，除了海鲜本身，加的调料味也挺重，手工面口感刚刚好，很入味。

🍴 云宾宴

地址：宁波市江北区老外滩扬善路75-1号

推荐理由：开了30年的老餐厅云宾饭店的外滩分店,以家常菜为主,地地道道的宁波口味。推荐宁波老三鲜,超多料,肉丸、虾、粉丝、面结等应有尽有,汤很鲜;肉饼蒸蛋,光汤汁就能下一整碗米饭;红烧带鱼,来沿海城市必吃的一道菜,新鲜的带鱼肉质细嫩,配上店家的豆瓣酱,超下饭;油炸小汤圆,外皮很脆,咬下去是又暖又软的馅料,冬天吃更有幸福感。

🍴 阿毛饭店(文化广场总店)

地址：宁波市鄞州区中山东路1999号文化广场

推荐理由：一家来宁波必吃的店,性价比超高。螺蛳烧鸡爪、熟醉沼虾、油渣芋头羹、红烧杂鱼、蜜汁红枣都值得品尝。

🍴 卿家姆小馆(旗舰店)

地址：宁波市海曙区月湖盛园60号

推荐理由：生腌熟醉是这家的特色,一定要尝试一下。

🍴 缸鸭狗(天一广场店)

地址：宁波市海曙区水晶街68号

推荐理由：一家拥有百年历史的"中华老字号",除了必吃的汤圆,特色面结面、素燕窝、苔菜米馒头、酸辣虾肉馄饨、酒酿酸奶等都值得一试。

🍴 沈氏祖传·老宁波油赞子

地址：宁波市海曙区府桥街68弄16号

推荐理由：位于鼓楼小巷子里的小吃店。油赞子看着像天津麻花,但吃起来比麻花更酥更脆。这家的油赞子不会太油,刚出锅的时候特别好吃。

🍴 乾隆酥院（鼓楼店）

地址：宁波市海曙区公园路5号

推荐理由：本地人常在他家买虎皮卷、爆浆麻薯和泡芙，非常好吃，强烈推荐。

🍴 如辉奉化点心（天一店）

地址：宁波市海曙区竺家巷23号1-36室

推荐理由：推荐水塔糕、小米糕、米馒头、灰汁团，都不太甜，非常好吃。

🍴 青隐画舍

地址：宁波市鄞州区东钱湖旅游度假区观音应愿堂北200米

推荐理由：隐藏在东钱湖边，室内可以看各类艺术画展，还有不同场景的茶室，点一杯茶或咖啡，可以惬意地坐一下午。

🍴 向晚茶苑

地址：宁波市鄞州区东钱湖旅游度假区利民村薛山1号

推荐理由：位于东钱湖湖边的一家小店，大柏树下的鲜花丛中有一个露天茶室，很是别致。

🎮 老外滩

地址：宁波市江北区中马路、外马路一带

推荐理由：仍保留了许多欧式老建筑，有很多酒吧和餐厅入驻，是一块颇有情调的休闲区。

玩 城隍庙
地址：宁波市海曙区县学街22号
推荐理由：中国规模最大的城隍庙之一。周围有很多小吃，可以边逛边吃。

玩 天封塔
地址：宁波市海曙区大沙泥街258号
推荐理由：始建于唐代，为中国江南特有的仿宋阁楼式砖木结构塔，是宁波的地标之一。

玩 莲桥第
地址：宁波市海曙区五台巷42号
推荐理由：天封塔对面的一处历史街区，非常适合慢慢逛。诺贝尔奖获得者屠呦呦的故居也在这个街区。

玩 鼓楼
地址：宁波市海曙区公园路2号（地铁鼓楼站F口步行240米）
推荐理由：始建于唐朝，有千年历史，也是宁波仅存的古城墙遗址，宁波地标之一。附近有很多小吃美食，很适合闲逛。

玩 宁波院士中心
地址：宁波市东钱湖旅游度假区群贤路7号
推荐理由：由宁波师范学院东钱湖旧校舍改建而成，周围有山、古树、湖。站在连廊上，美景尽收眼底。观景台的楼梯口也是不错的拍照机位。

玩 南宋石刻公园
地址：宁波市鄞州区东钱湖东岸上水下庄黄梅山麓
推荐理由：有很多南宋时期的石刻雕像，喜欢历史的人可以尽情参观。

玩 **陶公村**

地址：宁波市鄞州区陶公路

推荐理由：一个较古老的渔村，很原生态，环境不错，周边有一些网红咖啡店，走累了可以在这里驻足喝个咖啡。

研 **保国寺古建筑博物馆**

地址：宁波市江北区鞍山村安东49号

推荐理由：热爱古建的人不可错过。保国寺并不以宗教寺庙闻名于世，而是因其精湛绝伦的建筑工艺令人叹为观止。大雄宝殿，重建于北宋大中祥符六年（1013），是长江以南最古老、保存最完整的木结构建筑。两座唐代经幢保存完好，它们本不属于保国寺，1984年被放置于天王殿前。在保国寺博物馆研学课堂，人们除了可以学习古建知识，还可以学习最基本的木艺，体验使用锉、锯、砂纸、木槌等工具。磨下来的桧木屑也可以收集起来，制作成香囊。此外还有古建模型搭建等体验活动。

研 天一阁

地址：宁波市海曙区天一街10号

推荐理由：中国现存最早的私家藏书楼，也是亚洲现有的最古老的图书馆和世界最早的三大家族图书馆之一。除了建筑本身，里面还有个有趣的麻将展馆，不要错过。

研 宁波博物馆

地址：宁波市鄞州区首南中路1000号

推荐理由：建筑是普利兹克建筑奖得主王澍的设计作品，建筑外墙采用了旧城改造遗留下来的砖。强烈推荐"阿拉"老宁波民俗展。这里还是电视剧《三体》的取景地。《宁波海丝亲历记》是由宁波博物馆开发的真人实景互动体验研学课程，面向6—10岁的未成年人，通过精心设计的卡通人物、场景、动画介绍宁波海上丝绸之路的历史，通过闯关趣味活动普及宁波海上丝绸之路文化知识，寓教于乐，让孩子们在体验中了解、认识宁波悠久的历史和丰富的文化。

研 宁波美术馆

地址： 宁波市江北区人民路122号(近老外滩)

推荐理由： 王澍的设计作品，建筑本身已经很美了，在展区内还能看到老外滩的风景。如果天气好可以来这里拍照，光影下的美术馆非常出片。

研 宁波甬式家具文化传承推广基地

地址： 宁波市鄞州区邱隘镇沈家村

推荐理由： 位于宁波千工甬式家具博物馆内。以学员的好奇心为出发点，通过主题式的发散活动，使学员通过木工活动这一载体主动对周围世界进行相关性探究。这些探究活动有利于学员树立自主性、探究性的学习品质；锻炼学员的手眼协调性，使全身的肌肉都得到锻炼。

研 宁波海洋研究院创新实践基地

地址： 宁波市北仑区七星路358号

推荐理由： 海星大联盟特色课程以介绍海星为基础，通过教师讲述、原创科普视频播放及实物接触观察，从不同角度切入，涉及不同学科，让学员有机会感受海星、深入了解海星，激发学员对海星的兴趣，树立保护海洋环境的意识，提升学员综合能力。

研 雪菜博物馆

地址： 宁波市鄞州区东吴镇平窑村

推荐理由： 通过稻—米—食实践课程，学员可以了解稻作文化的起源与历史演进、水稻对于中国文明和世界文明的重要意义，增进对稻米的尊重之情；了解水稻的生长过程和种植过程，参与插秧、割稻、打谷子、晒谷子等实践体验活动，提高动手能力，了解农耕生活的乐趣和艰辛，懂得珍惜食物；还可以学习制作宁波传统糕点，如年糕、月饼、粽子、麻糍等，品尝稻米丰收带来的快乐滋味，了解宁波的传统生活模式，理解并尊重祖辈们勤俭朴素的优良传统，增进对故乡的感情，提高动手实践能力和创新能力。

跟着诗词游浙江

大运河诗路

Discover Zhejiang Through Poetry

附录：诗路名篇撷英

忆江南

唐 | 白居易

其一

江南好,风景旧曾谙。
日出江花红胜火,春来江水绿如蓝。
能不忆江南?

其二

江南忆,最忆是杭州。
山寺月中寻桂子,郡亭枕上看潮头。
何日更重游!

临平道中

北宋 | 道潜

风蒲猎猎弄清柔,欲立蜻蜓不自由。
五月临平山下路,藕花无数满汀洲。

秀州秋日

北宋 | 沈括

草满池塘霜送梅,林疏野色近楼台。
天围故越侵云尽,潮上孤城带月回。
客梦冷随风叶断,愁心低逐雁声来。
流午又喜经重九,可意黄花是处开。

月波楼

北宋 | 郑獬

古壕凿出明月背,楼角飞来兔影中。
野色更无山隔断,天光直与水相通。
溪藏画舫青纹接,人住荷花碧玉丛。
谁把金鱼破清暑,晚云深处待归风。

衔命郊劳使客船过崇德县三首（其一）

南宋 | 杨万里

北关落日送船行，欲到嘉兴天已明。
睡起一河冰片满，捶琼拟玉梦中声。

湖州
南宋 | 戴表元

山从天目成群出,水傍太湖分港流。
行遍江南清丽地,人生只合住湖州。

长安闸

南宋 | 范成大

斗门贮净练,悬板淙惊雷。
黄沙古岸转,白屋飞檐开。
是间衺丈许,舳舻蔽川来。
千车拥孤隧,万马盘一坏。
篙尾乱若雨,樯竿束如堆。
摧摧势排轧,汹汹声喧豗。
逼仄复逼仄,谁肯少徘徊!
传呼津吏至,弊盖凌高埃。
嗫嚅议讥征,叫怒不可裁。
吾观舟中子,一一皆可哀:
大为声利驱,小者饥寒催。
古今共来往,所得随飞灰。
我乃畸於人,胡为乎来哉?

八月二十得替后移居霅溪馆,因题长句四韵

唐 | 杜牧

万家相庆喜秋成,处处楼台歌板声。
千岁鹤归犹有恨,一年人住岂无情。
夜凉溪馆留僧话,风定苏潭看月生。
景物登临闲始见,愿为闲客此闲行。

过嘉兴

元 | 萨都剌

三山云海几千里,十幅蒲帆挂烟水。
吴中过客莫思家,江南画船如屋里。
芦芽短短穿碧沙,船头鲤鱼吹浪花。
吴姬荡桨入城去,细雨小寒生绿纱。
我歌水调无人续,江上月凉吹紫竹。
春风一曲鹧鸪吟,花落莺啼满城绿。

鸳鸯湖棹歌

清 | 朱彝尊

其一
樯燕樯乌绕楫师,树头树底挽船丝。
村边处处围桑叶,水上家家养鸭儿。

其二
穆湖莲叶小于钱,卧柳虽多不碍船。
两岸新苗才过雨,夕阳沟水响溪田。

其三
西水驿前津鼓声,原田角角野鸡鸣。
苔心菜甲桃花里,未到天明棹入城。

其四
长水风荷叶叶香,斜塘惯宿野鸳鸯。
郎舟爱向斜塘去,妾意终怜长水长。

后记

每一个人的诗与远方

在正式开启针对浙江诗路的行走和讲述之前，我们心中是有着相对明确的规划和预期的。其基本逻辑之一就是，找到那些曾在这片土地上留下名篇佳作的诗人，然后找出曾出现在他们诗词中的山川、湖泊、河流和风物等，循着这些山川、湖泊、河流和风物，重回历史现场，将那里的历史与现实、风景与传说、自然与人文、器物与风俗等，通过图片、文字、图书、视频和攻略等方式，传达给更多人，让更多人看到，并欢迎他们通过对浙江诗路沿线地区的行走，发现一个不一样的诗画江南，体验一种不一样的诗意生活，遇见一个属于自己的诗与远方。

当然，我们还不至于机械到只会去发现和讲述那些诗歌中曾经出现的自然和风物。我们还希望这次的行走和讲述是充满现代性的，是诗歌的，也是诗意的；是静态的，也是动态的；是历史的，也是当代的；是传统的，也是未来的；是景观的，也是社会的；是沉默的，也是鲜活的。

我们知道，这注定是一次充满偶然、惊喜、震撼甚至是颠覆的行走和讲述，就像当年那些诗人从不同的地方第一次来到这里时所感受到的冲击一样。我们在这次的行走和讲述中，不仅会对那些穿越历史时空而来的美好又陌生的场景和符号惊叹不已，而且将对一路上所遇到的民间匠人和创新创业者感念至深——是他们的努力，让浙江诗路依然是活着的诗路，是依然在生长的诗路。

山水寻吴越，自是不虚行。在我们抵达之处，确实是风景优美、人文阜盛，当年深深触动那些诗人的山川形胜和风土人情，直到今天，依然感动着来访者。保护和传承，在浙江不仅有着普遍的共识，更有着丰富的样本。

此外，随着我们走访的地方越来越多，见到的人越来越多，听闻的故事越来越多，一种新的感觉和认知变得越发强烈：当年被很多诗人视为归隐之地或生发出无尽忧思的场地和场景，今天正在经历全新的价值发现和生活主张，不仅迎来了越来越多的游客，而且，随着越来越多的本地乡民的回归和年轻创客的奔赴，这些地方正在变成创意、创新和创造的热土，这些曾经引发无数诗人歌咏不辍的风景优美的异域乡土，正在变成主客共享的栖息之地、创新之地和创业之地。

如果说当年的谢灵运、李白、孟浩然、苏轼等人，在对乱世和俗世的厌倦中来到这里，并通过与其故乡山水完全不同的异质空间的对话，以一种归隐和隐逸的思绪，实现了对这片独特的江南之地的情绪生发和独特书写，那么，今天越来越多回到故乡的人和来到山水之间创业的人，正在通过他们对优秀传统文化的传承、对时代价值的求解、对优雅生活的奔赴，践行着对诗路浙江、诗意江南、精神故乡的美好发现、价值构建和生活主张。

在我们看来，那些流传久远的诗歌和那些伟大的诗人，曾赋予浙江山水以独特的人文魅力和精神内涵，直到今天，这些地方依然吸引着无数的人不远千里前来观瞻，成为很多人的诗与远方，并且其中的很多地方成为著名的景区景点。现在，更加值得重视和探讨的是，这里的很多地方，正在吸引着很多人以积极的创造的心态，以自己的审美和创意，赋予这些山水以新的生命力。

诗路沿线地区已经不仅是游客的诗与远方，也是很多返乡的当地人和专程而来的创新创业者的诗与远方。这些"回到故乡"的人，他们无意归隐于时代，更在意求解未来，不仅重视对优秀传统文化的传承，还对一切美好的创意和创造报以热情。是他们让浙江诗路不仅是山水的诗路、风景的诗路、传统文化的诗路和自然生态的诗路，还正在成为创意的诗路、创新的诗路、现代生活的诗路、产业的诗路和充满了现代文化的诗路，让浙江诗路以多元的形式，成了每一个人的诗与远方。

由此，我们这次的行走、发现和讲述，早已不仅是对历史现场的回归、对传统诗歌的钩沉、对伟大诗人的凭吊、对当地风物的讲述，也是对整个当代版的"诗画江南，活力浙江"的行走、发现和讲述。

最后，非常感谢浙江省文化广电和旅游厅在本项目执行过程中所给予的大力支持，以及所秉承的开放包容态度，让我们得以通过最具个性化的创意策划和文本风格，实践我们预期的对诗路浙江的创意表达。尤其是资源开发处，不仅在内容上给出了非常具体的意见和建议，而且，在我们整个走访和调研过程中，更是给予了全程无微不至的协调和支持。

特别感谢径山文旅、丽水文旅、嵊州文旅、桐乡文旅、岱山文旅、楠溪江文旅以及浙江小百花越剧团等，不仅全力配合我们采访和拍摄，还给我们提供了宝贵的资料和建议。

同时，感谢参与并给出学术指导性意见的陈野教授、楼含松教授、曹启文老师和胡戎老师。限于篇幅，更多在本书的策划、采写和编辑出版过程中给予大力支持的老师和朋友，就不一一列出了，在此一并表示衷心的感谢。